인문잡지 한편
16

유머

KB185889

"친구들은 저 에세이를 읽고서
우스워 데굴데굴 굴렀을지 모른다.
그것은 거기에서 그들이
자기인 동시에 타자일 수 있는
힘을 감득했기 때문이다."

가라타니 고진,
『유머로서의 유물론』

새벽 '유머'라는 주제는 내가 꺼냈는데, 이번에는 독백으로 발간
사를 쓰기보다 대화로 해 보고 싶었어. 《한편》 '쉼' 호에서
세영이 진행한 정기현×이정화 수다가 좋았거든. 읽기 쉽
고, 여러 사람의 통찰도 얻고.

세영 기현, 정화는 동료 편집자이지만 나와 다르고, 그 다른 점
이 언제나 궁금했어. 그래서 이번에는 거꾸로 기현에게 사
회를 부탁했다.

**나도 유머에 관심이 많아. 먼저⋯⋯ 요즘 어떻게 지내고 있어? 나
는 웃음을 많이 잃었거든.**

세영 연말연시 독서모임도 하고 송년회도 했어. 그런데 모임 시
간은 적고 혼자 있는 시간이 많으니까 뉴스랑 시위 현장
상황을 보면서 괴로워하다가 여의도랑 한강진역으로 튀어
나갔어. 보통 나의 즐거움은 혼자서 책 읽고 영화 보는 데

있는데 연말에 뭘 봐도 집중이 안 되면서 즐거움이 화르륵 사라져 버렸기 때문에……. 집회 가서 자유발언 들으면서 좀 웃기도 했어. 어느 젊은 여성이 "떨립니다……" 하며 발언을 시작하더니 우렁찬 사극톤으로 "윤석열 네 이놈!" 해서 순간 웃었네.

새벽 나도 모임에서 즐거움을 찾았어. 가족 모임, 독서 모임, 낮술낭독회에서 서로 위로하고 조언도 주고받고. 지난 2024년 12월 3일 '계엄' 이후로 연말다운 연말을 못 보냈잖아. 모여서 이야기하면 역시 연말연시 분위기가 나더라.

모임은 좋지만, 그런 노력을 하기가 점점 버거워. 주말에도 그냥 혼자 있고 싶고. 두 사람은 쉽지만은 않은 모임을 어떻게 계속하고 있는 거야?

새벽 그러게, 모임에서 다양한 사람들이 서로 엇나갈 때의 유머가 좋은 것 같다. 예를 들어 편집자 독서회에 가면 90퍼센트는 동질적인데도 나이와 조직 구조에 따라 다르단 말이지. 한 5년째 모임을 하는 동안 서로 캐릭터가 파악되니까 일종의 예능 같은 유머가 생겨. 40대 편집자가 꼰대 발언을 하면 그걸 감지하는 MZ 편집자와 눈을 마주치면서 웃고, 세영이 작은 목소리로 반박하는데 아무도 못 들으면 또 웃고.

세영 나는 이런 새벽이 웃겨. 친구들이 뭔가에 대해서 관찰하고 자기만의 해석을 들려줄 때 재밌어. 지난 연말에 술을 와장창 마셨는데 다음 날 모든 걸 지켜본 술집 사장 친구랑

이야기하면서 엄청 웃었어. "기현 카피바라 같아……" 그러면서 조회수 793만회 유튜브 쇼츠를 보여 주는데 썸네일 문구가 '카피바라는 언제 화를 낼까? 코를 찔러 보았더니'였어. 재미있고 미묘했던 것은 그날 기현의 화두가 '화를 내지 못함'이었다는 거야. 그리고 기현이 그날은 화를 좀 냈는데……

맞아, 그날 내가 몰입해서 무아지경으로 말했지. 모임 다녀와서 이렇게 말을 많이 해도 되나? 생각한 적이 얼마 없는데 그날 그랬어.

새벽 기현이 화내는 걸 보고 세영은 재미있어했다?

세영 그게, 친구들이 평소랑 달라지면 재밌어. 기현이 모임을 돌아볼 정도로 말을 많이 한 상황이나, 내가 아는 가장 찬찬하고 사려 깊은 사람 지현(별명: 부처)이 갑자기 좀 빨라지고 감정 표출을 할 때. 그런 작은 변화를 포착하고 친구의 변화를 부추기고 나도 좀 변하고 하면서 지금 당면한 갑갑한 문제 속에서 어떻게든 숨 쉴 구석을 만들고 싶다는 생각을 해. 회사부터 한국 사회까지…….

새벽 우와, 그렇게 가깝고 익숙한 모임에서 약간 다른 모습을 보여 주면 더 부추기고, 그러면 그가 다른 데 가서도 변화한 면모를 보여 주고…… 건설적이다.

웃기고 싶고 웃는 게 좋은데, 그러기 어려운 공간이 점점 늘어나고 있잖아. 다들 비슷할 것 같은데, 나는 이런 식으로 웃긴다

혹은 웃기고 싶다 그런 게 있는지.

세영 나도 재미있고 싶은 욕망이 있어. 다만 내가 안 웃긴 걸 알아서 굳이 웃기려고 하지 않아. 그런데 친구들을 오래 만나기 위해서 재미있고 싶어. 만나서 재미없는 친구는 점점 안 만나게 되었기 때문에. 재미를 좀 더 풀어 말해 보자면 나의 말이 진부하지 않았으면 좋겠다는 것. 얼마전에 이런 이야기를 친구한테 했더니 돌아오는 길에 친구가 메시지로 "세영 웃긴지는 잘 모르겠는데 재밌는 친구임" 하더라고. 착한 친구.

유머와 재미가 구분될 수 있구나. 웃기진 않은데 재미가 있을 수도 있고.

새벽 원고랑 똑같아. 인문잡지 '유머' 호가 폭발적인 웃음을 터뜨리진 않지만 재미는 있듯이! 우리네 인문학이 작정하고 웃기려고 들면 더 안 웃길 테니까, 그냥 원고의 완성도에 집중했지.

진짜로 웃음을 터뜨렸던 소설 「지배자의 몰락」을 맨 앞에 실었어. 여담이지만 들깨 작가는 존재 자체로 웃긴 사람이야. 진지하고 말수가 적은데, 미팅에서 내가 너스레 떨고 카피바라 괴롭히듯이 계속 질문해도 전혀 개의치 않고 모든 대화를 수첩에 적고 있는 거야. 포스타입 연재 '대학원 생활 르포'부터 팬이었지만, 이번에 들깨 작가를 만나고 유머란 진지한 자세와 막 나가는 전개의 격차에서 나온다는 걸 이해했어.

자기 영역이 있는 사람이 나도 웃긴 것 같아. 「지배자의 몰락」은 그 냥 일직선으로 달려나가잖아. 결말의 폭발까지가 웃겨.

나는 서민정을 좋아하거든. 「거침없이 하이킥」에서 보여 준 캐릭터 그리고 그게 그의 실제와 연결되는 점. 서민정이 옛날에 「해 피투게더」에 나와서 대학생 시절 아르바이트 했던 경험을 들려준 적이 있어. 지하철에서 고무장갑을 파는 일을 맡게 됐다는 거야. 지하철 손잡이에 매달려서 고무장갑이 얼마나 탄탄한지를 증명하는, 그 매달리는 역할을 했는데 그걸 엄 마 친구가 봐서 많이 혼났다 이런 얘기. 그런 웃긴 일이 많이 벌어지는 사람이 재미있어. 이건 「거침없이 하이킥」속 이야기 이지만 서민정이 나문희가 자기한테 돈을 빌려갔을 때 계속 웃으면서 미저리같이 받아 낸단 말이야. 눈 맞으면서 서 있 고. 그 태도를 삶의 모토로 삼고 있다고 해도 좋을 만큼 많이 생각해. 서민정처럼 어떻게든 버텨내야지. 근데 너무 마음 상하지 말고 웃긴 사람인 채로…… 그럼 각자 좋았던 글은 뭐야?

세영 모든 글이 좋은데, 나중에 또 읽고 싶은 건 맨 마지막에 실 은 김은한 배우의 「오래 퍼지는 늑대 웃음소리」. 친구랑 밤 산책 나가 나란히 걸으면서 대화할 때처럼 은은하게 여러 번 웃었어. 어두워서 얼굴도 안 보이지만 엄청 편안한 분 위기에서 나오는 웃음. 자기 원칙에 따라 단호하고 섬세하 게 웃음의 판을 짜면서도 여백을 남겨 놓는 태도가 느껴져. "웃음은 늘 예상을 뛰어넘는 곳에 있다." 이런 체념에서 출 발하는 우연에 대한 기대가 원고 전체에 깔려 있달까.

새벽 마감이라 모든 글과 거의 사랑에 빠져 있지만, 초고부터 좋았던 건 앞서 '플랫폼' 호에 「K 카다시안의 고백」을 실었던 김혜림 편집자의 「나는 나를 보고 웃지」. '내가 쓴 글이 제일 재밌다'고는 여기는 자아를 SNL에 비춰서, 네이트판에 비춰서 반성하는 과정이 무척 소중해. 이 글에서 가장 웃긴 건 저자의 부캐가 만든 '뉴스레터 구독자 30명'과 본캐가 회사에서 쓰는 '120조 원짜리 사업 전망'의 격차인데, 이렇게 중간이 없는 콘텐츠 업계 종사자가 자신의 감각을 보존하려는 노력이 인간적으로 다가오고.

안담, 김민하, 염문경의 글은 농담이 가진 힘에 대해 말하고 있어. 위계의 문제와 연관 짓자면 농담은 하나의 전략이 되기도 하는데, 평소 농담을 어떻게 활용하고 있어? 나는 작가들과 미팅할 때 유머를 전략적으로 사용하는 것 같아. 대개는 '나는 당신에게 좋은 생각을 갖고 있습니다'는 걸 효과적으로 전하려는 용도로. 그러다가 때로 어떤 무례함을 마주하면 농담이라는 전략을 싹 철회하고 할 일만 하게 되더라.

세영 '웃음은 무기가 될 수 있다'는 주장에 '그렇다'와 '그것은 너무 성긴 무기다' 사이를 오가는 중이야. 일단 나는 농담을 무기로 잘 사용하지 못하는 듯해. 뭘갈 얻어 내야 할 때면 그냥 호소하고 읍소하고 진정성으로 승부하는 전략. 그래도 유머의 필요성에는 공감해.

　'유머' 호 편집회의 때 새벽이 유머가 그와 작업할지 말지를 결정하는 중요한 기준이라고 말했거든. 유머라니 엄청 높은 기준이군 싶으면서도, 세상 모든 문제에 대해 답답해하고 화를 내는 사람과 대화하면서 엄청 피곤했던 기억이 난 거야. 그의 의견에 동의하는데도 피로했던 원인은 바로 유머가 없었기 때문이라고, 이번에 테리 이글턴의 『유머란 무엇인가』를 읽으면서 이해했어. "변증법적 사고를 이해하는 사람치고 유머 감각이 없는 사람은 한 번도 본 적이 없다."라고 브레히트는 말했대. 모든 관점, 논리, 상황에는 모순과 불안정성이 있고, 그렇게 사회도 역사도 갈지자로 나아간다는 것. 사실 당연한 이야기인데, 유머가 이 사실을 일깨워 주는 것 같아.

그래서 김민하 「누구와 웃을 것인가」에서 "집회 참가자가 너무 동질적이면 외롭고 서럽다."라는 문장이 소중하고 공감됐어. 이번에 집회에 나가서 같이 구호 외치고 노래 부르는 동안 해방감과 고양감을 느끼면서도 계속 어떤 이질감이 들었거든. 특히 탄핵 반대 집회에서 헤매다가 촛불집회를 만났을 때는 엄청 큰 안도감이랑 소속감이 느껴지는 거야. 그럼 나는 저편이 아니라 이편인 건가? 그때 느낀 이상한 소외감이 자유발언을 들으면서 좀 해소됐거든. 윤석열 찍었던 20대 남성, 군대에서 20년 근무하다 전역한 조국혁신당 당원, 아직 나의 성별을 잘 모르겠는 사람…… 이들의 발언이 끝나면 사람들이 박수를 쳐 주는데, 그건 이 사람이 내 편이라서기보다는 각자 다 다르지만 지금 모여서 같은 걸 하고 있다는 데서 나오는 응원 같았거든. 그렇게 차이가 드러난 순간 오히려 더 편해졌다고 해야 하나.

새벽 「정치에서 우정 찾기」로 잡동산이 '우정' 편에서도 큰 호응을 얻었던 김민하 평론가를 신뢰하는 이유는 그가 적을 섬멸해야 한다고 말하지 않기 때문이야. 문제는 불법 계엄 이래 한국이 말 그대로 내전 상황에 접어들었다는 건데, 탄핵 이후에는 우리가 어째야 하는가를 절실하게 묻고 싶었어. 「누구와 웃을 것인가」는 새로운 집회 방식에서 느낀 희망을 설명해 줘서 안심했네. 이렇게 모인 다음에는 흩어지기 마련이다, 그런데 그 속에서 함께 웃은 경험은 누적될 것이다라는 전망이 있고.

「강간 농담 성공하기」를 보면 공연에서 설계된 농담에 대한 이야기가 담겨 있잖아. 이 글을 읽고 내가 평소에 던지는 농담도 다 기능이 있었구나, 이런 전략이었구나 하고 거꾸로 이해하게 됐어. 그러면서 오히려 약간 재미가 없어지기도 했네. 공연이 아니라 일상에서 그렇게 설계된 농담을 해야 한다고 생각하면 좀 싫기도 하고.

새벽 맞아, '유머' 호를 만들면서 전에는 나의 재치라고 생각했던 게 당연한 사회적 역할로 이해되어서 좀 멋쩍고 겸허해졌어. 윗사람 앞에서는 농담을 걸기보다 맹구처럼 망가지고, 낯선 사람들이 모인 세미나에서는 주최자로서 계속 웃어댔던 게 권력관계로 객관화됐네.

인류학자 정병호의 『고난과 웃음의 나라』는 그 엄격하고 근엄한 북한에서 사람들의 유머 감각을 발견하는데,

한 예로 2018년 남북정상회담에서 김정은 위원장이 문재인 대통령에게 한 농담을 들어. "오늘 준비한 평양냉면이 멀리서 왔습니다. 아, 멀다고 하면 안 되갔구나." 이건 극장국가 북한의 최고권력자가 주연배우로서 여유와 노련함을 연출한 장면이라고. 이렇게 사람들의 언행을 '진심이 반영된 사실'이 아니라 '각본에 따른 연출'로 보는 건, 세영이 관찰했듯이 변화 가능성을 긍정하는 일이기도 해. 다른 각본에 따르는 다른 연기가 가능하다는 거니까.

세영 연기와 창작을 겸하는 염문경 작가의 「칼을 들고 다니는 여자」에서는 '멀리서 웃은 뒤 가까이 들여다보자' 제안하는데, 그게 변화 가능성이라고 생각해. 너무 가까이 붙어 있으면 어쩜 이렇게까지 말이 안 통하나 싶고 화나고 답답한데, 멀리서 한번 웃고 나면 이제 다시 가까이 붙어서 싸우든 타협하든 할 틈이 열리니까. 결국 같이 웃는 게 중요한데 서로 각자의 인터넷 세상에 있으면 답이 없다는 게 어렵네.

새벽 채만식의 「치숙」 패러디 소설인 엄일녀 번역가의 「미련한 이모」는 페미·운동권·이혼녀인 이모라는 인물을 객관화하는 이야기야. 조카와 이모의 가치관이 충돌하고 있는데, 이렇게 '적극적인 주식투자자 대 예금밖에 모르는 바보'라는 구도는 내 주변에도 흔하거든. 나는 이 이야기에서 이모가 금융투자소득세를 찬성하면서 조카의 잔소리에 투자도 했다는 그 틈이 좋아. 시류에 밝은 조카를 풍자하는 것만 아니라, '미련한' 이모에 대해서도 거리 두기가 되어서.

세영 '우정' 호를 열었던 「작가-친구-연습」의 안담 작가가 이 번에는 사람들을 관찰하고, 하고 싶은 유머를 계속 다른 방식으로 시도하는 게 좋았거든. 청중의 반응을 보면서 자기 진짜 욕망을 깨닫고, 더 많은 웃음을 이끌어 내는 형식을 찾고. 처음에는 아무도 안 웃다가 그다음에는 세 명 웃고 그다음에는 열 명 웃고 한 사람쯤은 너무 웃겼다 해 주고. 이런 소통과 자기탐구에서 나오는 확장이 좋았어.

새벽 안담, 김혜림, 염문경의 글은 자신의 실패와 성취를 평가하는 숨 막히는 반성이기도 하잖아. 이연숙·남웅의 『퀴어 미술 대담』의 표현을 빌리면 이런 반추는 "연약함과 함께 작업"하는 "여성적 나르시시즘"인데, 이 세 편은 눈물이 아닌 웃음을 통해서 상대방의 해방도 신경 쓰고 있어.

이 점에서 복길 평론가의 「나락에서의 농담」은 특히 격렬해. 그 자신이 빠진 "나락"에서 예술가 이반지하, 유튜버 카광의 유머를 탐구하고 있어. 10년 전 내가 트위터에서 제일 웃기다고 생각했던 사람이 '작가이자 인플루언서'로서 잃어버린 유머 능력을 되찾으려 노력하고 있는 거야. "유머가 자신의 고통과 타협하지 않기 위한 싸움의 한 방식이라면, 절망은 그것을 터득하기에 가장 좋은 조건일 것이다." 이 문장이 마음을 쳤네.

김은한의 「오래 퍼지는 늑대 웃음소리」를 읽으면 사람들이 웃기 위해 정말 노력하고 있구나 싶어. 나는 지난여름부터가 특히 힘들었거든. 그때, 내가 재미있게 읽은 『초예술 토머슨』

을 낸 출판사 안그라픽스에서 소규모로 노상관찰회를 발족한다는 거야. 노상관찰이라는 게 산책을 하면서 더 이상 쓸모가 없어졌지만 여전히 거리에 있는 건축물들, 가령 굴뚝, 문, 맨홀 이런 걸 찾아다니는 거거든. 그렇게 뚝 서 있는 것들의 아름다움을 발견하고 언어화하고. 평소 같으면 안 그랬을 텐데 거기를 혼자 갔어. 서점 피크닉의 실외 온실에서 진행했는데, 참여자들한테 노상 관찰 회지를 나눠 주고 한 30분 동안 그 주변 오래된 동네를 관찰하고 와서 발표를 하라고 했어. 일단 같은 걸 좋아하는 사람이 여기 있다는 데에서 좀 안도감이 들었고, 사람들이 길에서 재밌는 걸 되게 잘 찾는 거야. 나한테는 그게 오직직 웃음만을 위해 시도한 행위였던 것 같아.

김영욱의 「보고서: 루소와 밀레의 우정」이 이런 맥락에서 난 가장 웃겼다. 평소라면 아저씨들이 모여 있는 인터넷 공간을 그리 궁금해하지 않았을 텐데 이 글을 경유하면 새롭게 읽어 볼 수 있는 맥락이 만들어지고, 그게 자기 연구 안에서 의미 있게 통합되기도 하고. 그런 게 재미있고 시선을 열어 주는 느낌이라 좋았는데, 이런 아카이빙식 유머가 좋으면서도 너무 현생과 동떨어졌나? 머쓱함이랄지 죄책감, 지속적일 수 있을까 하는 조바심도 들어. 사실 평어도 비슷하다고 생각했어. 문학 실험이랄까 문화 실험이랄까 이런 생각을 갖고 책을 만들었는데, 평소 언어생활과 접점이 적으니까, 그리고 특히 회사 언어생활과는 배치되는 부분이 크니까 생각만큼 큰 단위로는 지속하거나 확장해 나가기가 어려운 거지.

『말 놓을 용기』를 편집할 때도 '이걸 왜 하는데?'라는 의문에 부딪히면 사실 그냥 그 자체로 재밌다는 것이 가장 큰 이유였거든. 이걸 잘 설명하기란 무척 어렵더라고.

세영 평어에 대한 기현과 나의 시각차를 확인했을 때 좀 재미있었어. 나는 평어 사용이 일종의 사회운동이라고 생각했거든. 평어는 위계에 질문을 던지는 언어고, 평어를 사용하다 중단하는 건 더 이상 그 언어를 쓰지 않기로 선택했기 때문이라고 이해했단 말이야. 그런데 시작할 때도 기현은 재미있으니까 하고, 중단하는 것도 현실과 다르니 확장 가능성이 부족하다, 이렇게 보는 게 신기했다.

　　'집' 호에 이어서 또 청탁한 불문학자 김영욱의「보고서: 루소와 밀레의 우정」은 사회학, 인류학 등 학문의 출발점인 관찰이 바탕이라고 생각했어. 혼자 방 안에서 조사를 계속한 연구자가 얼마간 진지했고 끝까지 가면 어떤 종류의 변화 혹은 앎이 감지되는 게 이 글이 웃기고 좋은 이유였어. 기현은 문학적으로 이야기 한 겹을 더 두르고 싶어 하고, 그에 비하면 나는 걷어 내려는 편인 것 같아. 이야기를 걷고 의미를 파헤치는 쪽으로.

새벽 재미 대 사회운동이라니, 마치 개인주의 대 공동체주의 같다. 나 같으면 농담을 통해서 순간 위계를 허물고, 그러니까 위계를 괄호 안에 넣고 인간 대 인간으로 만나려고 드는 편인데. 이런 공동체주의자의 약점은 상대와 말이 통하지 않으면 화가 난다는 거지. 모임에서도 계속 상대방의 발언을 견제하고 공격적인 웃음을 터뜨리고…….

기현처럼 나도 확장을 고민하는데 방법은 역시 몰라. 공중파 코미디프로그램이 없는 지금이야 대중적이고 일반적인 취향 공동체가 없는 건 당연한가? 다 같이 저녁에 뉴스데스크를 보지 않듯이 이제 일요일 저녁의 '개그콘서트'는 없는 거겠지만. 그렇다고 《한편》 구독자를 500명 더 늘리고 싶고, 5000부를 넘어 5만 부는 팔리는 책을 만들고 싶은 욕망과 실적 압박이 사라지지는 않고.

「보고서: 루소와 밀레의 우정」은 인터넷에 교훈글을 올리는 아재들과 일요일에도 '루소'를 검색하는 연구자의 접점이 존재한다는 게 웃겨. 서로 다른 점이야 명백하지만, 상대방의 오류를 지적하다가도 그들의 인간적인 면을 외면할 수 없는 이야기. 저자가 이미 썼듯 이 유머에는 "엘리트주의"의 우려도 있는데, 루소에 관한 교과서적인 사실이 아니라 모니터 너머로 타인들의 "감정"에 다가간다는 점이 근사하고.

그런가 하면 장례식장처럼 웃음이 금기시되는 공간들도 있어. 회사에서도 분위기가 굉장히 무거울 때가 있고. 그런 공간에 웃음을 주입하는 일이 가능하다고 생각해?

세영 웃음은 왜 회사 문 앞에서 멈추는가. 같이 이야기할수록 유머가 없어지면 윤석열이 되기 십상이라는 생각이 들어.

새벽 기현이 장례식장과 회사를 나란히 드는 게 웃긴데, 자칫하다가 윤석열이 되어 버린다는 지적은 정말 중요하다.

나는 사회생활에서 제일 상처 입을 때가 냉소를 맞닥

뜨리는 경우야. 냉소란 차가운 웃음이잖아. 성격상 뜨거운 분노는 차라리 공감되는데, 누군가를 깔보거나 아주 남처럼 여기면서 '피식' 하는 그런 냉담한 뒷담화 앞에서 코가 새파래지는…… 이건 독재자의 냉혹함과 통하겠다. 일대 일로는 당해 낼 수가 없고 대중 집회처럼 조직적으로 견제해야 할.

반복되는 탄핵 정국에서 지난 박근혜 대통령 탄핵 때 나온 책들을 읽었거든. 그중에서 2016년 출간된 김민하의 『냉소 사회』에서는 한국 사회를 뒤덮은 조롱, 적대, 혐오의 원천을 냉소로 설명해. 타인에 대한 열등감을 증폭시키는 온라인 세상에서 자신을 지키는 방법이 냉소라는 건데, 여기에서 벗어나려면 우선 열등감을 느끼는 자기 자신과 화해해야 한다고.

세영 타인을 냉소하며 격하하는 경우 조직적 견제가 필요하다는 부분 무척 동의해. 「나는 나를 보고 웃지」에서 이 문장이 사무쳤거든. "안전한 풀에서만 유머를 나누는 자신이 비겁하게 느껴졌다." 아는 세계와 안락한 유머에 갇혀서 독불장군이 될 가능성을 경계하려고 해. 그래서 기현처럼 나와 비슷하면서 다른 편집자들과 이렇게 이야기를 나눌 수 있는 기회가 무척 소중하고. 《한편》을 만드는 편집자들이 점점 줄어서 둘만 남은 상황에 대해 새벽도 나도 걱정했는데 편집위원으로 반비의 박아름 편집자, 《한편》 필자이자 『우리를 바꾸는 우리』 저자인 조무원 연구자를 초대해서 이야기하는 과정이 재밌고 또 안심이 되기도 했다.

무엇보다 여는 글을 이렇게 대화로 꾸릴 수 있어서 좋아!

새벽 아아, 지금 대화처럼 박아름, 조무원 편집위원과의 회의 덕분에 원고들을 보다 깊이 읽었어. 내가 믿는 타인이 가장 웃기다고 한 글을 다시 보면, 그 글이 웃기지 않았던 건 내가 웃어 주지 않아서였던 거야. 프로이트는 유머란 "정신적 태도"라고 했는데, 나보다 유머에 너그러운 정신을 만나면 의구심을 품으면서도 따라 웃게 되니까.

유머는 냉소와 구분되는 한편 아이러니와도 구별할 수 있어. 아이러니가 현실의 고통 속에 있는 자기를 멸시하면서 그럴 수 있는 고차원의 자기를 높이는 거라면, 유머는 어른이 아이를 다독이듯이 고통에 빠진 자아에 대해 '아무것도 아니야'라고 초자아가 격려하는 거라고.(가라타니 고진, 『네이션과 미학』) 그렇게 유머는 듣는 사람까지 해방한대. '유머' 호를 만들면서 유머 대법관으로 굴던 지난 날을 돌아보고 약간은 화해하게 됐어. '내가 이 세계를 사랑할 수 있었던 것은, 이 세계를 초라한 모습으로 다시 만났기 때문'(밀란 쿤데라, 『농담』)이라는 말처럼, 《한편》 독자들도 나 자신에게서, 이곳에서 더 많은 유머를 찾았으면 좋겠다.

인문잡지 한편
2025년 1월
16호

유머

지배자의
몰락

들깨

들깨   어디에나 있고 어디에도 없는 비정규직. 쓸 수 있을 때 쓰는, 지속 가능한 글쓰기를 목표로 하고 있다. 종합 창작 플랫폼 포스타입에 '대학원 생활 르포'를, 온라인 소설 플랫폼 브릿G에 'FATMAN BLUES' 등을 게재했다.

부조리의 [유머]를 보여 주는 판타지 소설

"놈이 언제까지
그 무너진 건물 잔해에
파묻혀 있을지는 알 수 없다.
하지만 콘샐러드 통이 아니더라도
놈을 막을 수 있는 것은
어디에나 있을 것이다."

성공하기 위해 가장 필요한 것은 무엇일까? 스피드, 스태미나, 파워, 근성, 지능 등 다양한 이견이 있을 것이다. 하지만 연 퇴사율 80퍼센트에 구직사이트 평점 소수점 이하에 빛나는 우리 회사에서 살아남기 위해서는 이 모든 것을 동원하더라도 어려울 것이다.

내가 모시는 상사이신 황 왕군 팀장님께서는 인성도 나쁜 데다 눈치까지 없으시다. 아마 저 경이로운 퇴사율이나 구직사이트 별점 평균 지분의 대부분은 팀장님일 것이다. 그런데도 지금까지 닥쳐 온 수많은 위기를 기름이라도 바른 것처럼 빠져나가시는 것은 물론이고, 업무상 라이벌들은 비극적인 사고를 당해 알아서 엎어지고 말았다.

회사에서 팀장님의 하루 일과라 하면 정신지배로 점심 메뉴 통일하기, 사악한 요술로 어디서 없던 일 가져와서 만들기, 노예시장투자 유튜브 시청, 어둠의 신들을 위한 의식 집행 등이 있다. 그나마 최근에는 승승장구하던 커리어에도 먹구름이 끼고 이마 라인은 점점 뒤로 후퇴하고 계셨다. 업보라는 게 있다면 이런 것이리라.

"소 을동이, 연차 좀 쌓였다고 일 대충대충 하는 게 아주 눈에 보인다?"

주간회의가 끝나고 팀장님께서 말씀하셨다. 같은 팀원이신 김 수악물가이 선배님과 이 돌비허흘덕 선배님께서는 이목이 내게 쏠리자, 묵례를 하고 황급히 회의실을 빠져나가셨다. 다년간의 사무실 생활로 단련된 위기관리 솜씨였다.

"아닙니다, 팀장님. 죄송합니다."

"야! 김 수악물가이! 이 돌비어흘덕! 어디 갔어 이 새끼들! 하여간 요즘 젊은 것들은…… 나 때는 맨날 해 뜨기 전에 출근해서 해 뜰 때 퇴근하고 그랬는데. 할 수 없지. 메일 하나 토스할 테니까 봐. 오늘 안으로 처리하라고."

나는 시킨 대로 이메일을 열어 봤다가 할 말을 잃었다. 다 읽고 파악하는 데만 해도 한 시간은 족히 잡아먹을 분량이었다. 나는 급히 자리를 정리하고 팀장님 뒤를 쫓았다.

　"팀장님, 잠깐⋯⋯."

　"뭐? 아무튼 난 간다. 오늘 중요한 인신공양⋯⋯ 아니, 접대 건이 있어서."

　팀장님께서는 짐을 챙기기 시작하셨다. 잊고 있던 팀장님의 특기가 떠올랐다. 바로 벌여 놓은 일을 마감이 아슬아슬할 때 던지기다. 물론 팀장님께서는 일을 벌일 뿐 하시지는 않았기 때문에, 마무리는 고스란히 아랫것들 몫이 되었다.

　"아무리 그래도 오늘 안에는⋯⋯."

　나는 말끝을 잇지 못했다. 팀장님께서는 깔끔하게 퇴근하신 뒤였다. 행여 선배님들께 기댈 수 있을까 쳐다봤지만, 유감스럽게도 선배님들 역시 모습을 감춘 뒤였다.

+ + +

새벽 2시에 집에 들어오자, 여느 때처럼 난장판이 된 집과 쌓인 설거짓거리가 나를 반겼다. 자취하는 사람 집이 깔끔한 경우는 거의 없다. 특히 수요일쯤에는 더더욱 그렇다. 그런데도 사람 구실은 하고 싶었기에, 나는 의무감만으로 설거지를 시작했다.

하지만 1인 가구가 늘 그렇듯, 싱크대는 좁아 터진 것으로는 모자란다는 듯이 악의로 가득 차 있었다. 헹구고 거품 좀 칠하려 들면 기름과 얼룩 가득한 물에 그릇이니 식기는 다 잠겨 있는 것이다. 그게 싫다고 수챗구멍 뚜껑을 뽑아 놓으면, 수저부터 시작해서 구멍으로 빠질 수 있는 건 죄다 아래쪽으로 흘러가 버린다. 그 아래 물받이 꼴은 어떨까? 상상은 독자 여러분에게 맡긴다. 그렇게 씨름하고 나니, 어느 순간 배가 고프면서 짜증이 났다. 팀장님께서 맡긴 그 말도 안 되는 일을 처리하느라 저녁도 먹는 둥 마는 둥 했기 때문이다.

이렇게까지 살아야 하나? 다 먹고 살자고 하는 짓인데. 아무도 듣지 않는 넋두리를 주워섬기다, 문득 햄버거 가게를 떠올렸다. 그리고 대충 벗어 놓았던 외투와 신발에 몸을 꿰고 집을 나섰다. 식욕보다 더 어두운 무언가에 이끌린 것처럼.

24시간 불을 밝힌 패스트푸드점이 따스하게 맞아 주었다. 추가금 없이 시킬 수 있는 콘샐러드도 작은 위로가 되었다. 묘하게 대체할 수 없는 맛이 나기 때문이다. 감자튀김보다 건강하게 먹는 것 같은 기분은 덤이다. 옥수수나 감자나 탄수화물이긴 마찬가지고, 정말로 건강을 챙길 거면 패스트푸드점에는 오지도 않겠지만 어쨌든 기분이 중요한 것이다.

음식을 받자마자 나는 콘샐러드부터 뜯으려고 했다. 하지만 뚜껑은 뜯기지 않았다. 필름은 지나치게 단단히 통에 붙어 있고 통은 당기는 힘을 버티기에는 쓸데없이 부드러운 재질이었다. 덕분에 당길 때마다 플라스틱 자체가 필름에 딸려 갈 뿐 열리지 않았다. 마치 비웃으려는 것처럼. 가장 중요한 내용물은 그 악의 담긴 통 안에 단단히 숨긴 채로. 왜 이리 되는 게 하나도 없는 걸까? 당장 자리에 그대로 엎어져서 악을 쓰며 바둥거리고 싶은 심정이었다.

그 순간, 누군가가 나보다 먼저 비명을 질렀다. 어안이 벙벙해서 사방을 둘러보다가 정체 모를 인간들이 떼로 들어온 게 보였다. 그들은 하나같이 치렁치렁한 로브 같은 걸 입고서는, 얼굴은 후드를 푹 써서 가리고 있었다. 손에는 저마다 불법개조 물총, 젖은 수건, 고무호스 같은 위협적인 무기까지 들고 있어, 누가 봐도 여기에 야식을 먹으러 온 것 같지는 않았다. 놈들은 그렇게 한참을 묵묵히 안쪽을 둘러보다가, 아무 전조도 없이 들고 있던 위법개조 물총을 난사했다.

사방에 소스와 파편, 비명이 튀는 가운데 그들은 아직 모자라다는 것처럼 바닥에 피자 세이버까지 잔뜩 뿌렸다. 피자를 고정하는 하얀색 피자 세이버를 태어나 처음 밟았을 때처럼 끔찍한 고통이 전해졌다. 도망치려던 사람들은 그대로 바닥에 비명을 지르며 구르더니 더는 움직이지 않았다. 이미 조용히 앉아서 뭘 먹을 분위기는 아니었다.

"찾았다!"

후드 쓴 놈들 중 하나가 외치더니 나를 일으켜 세웠다. 놈들은 내 머리에 종이백을 씌워서 어딘가로 끌고 갔다. 다리가 아파서 걷기도 어려울 즈음, 무리 중 하나가 종이백을 벗겼다. 그리고 하나하나 후드를 벗었다. 두려움에 떠는 내 눈앞에 보인 것은 흔한 얼굴들이었다. 뜻밖에도 언제 어디서든, 몇 명이고 보일 법한.

"합일의 때가 왔도다, 권속들이여! 노래하라!"

"황금의 왕관과 죽은 나무의 바구니가 세상의 기름솥 깊은 곳까지, 죽음조차 죽은 자들조차 건져 낼 것이다!"

이제 놈들은 같은 입력이 물린 스피커처럼 떠들어 댔다. 끌려온 곳은 작은 창고였는데, 사이비 종교 단체의 본거지라기보다는 고물상에 가까워 보였다. 나는 지금이라도 도망치려고 했지만, 신도들이 내게 일회용 포크며 나이프를 들이대는 바람에 잠자코 있을 수밖에 없었다.

"늦어서 죄송합니다, 주인이시여!"

이윽고 문이 열리고 후드 쓴 형체 하나가 더 들어왔다. 이상하게도 어딘지 익숙한 목소리였다. 발걸음 소리, 거칠게 내쉬는 숨소리까지 누구인지 알아챌 수 있을 것도 같았다.

"마침내 왔는가, 이 몸의 사도여!"

안에 있던 신도들이 일제히 외쳤다. 그들의 주변에는 불길한 기운이 아지랑이처럼 일렁이며, 신도들이 뭔가 외칠 때마다 거기 맞춰 절규하는 것 같은 형상을 만들어 댔다. 마지막으로 들어온 자는 이상하게 내 눈치를 보면서 어물쩡거리다 후드를 벗었다. 그리고…… 나도 잘 알고 있는 이목구비를 드러냈다.

"팀장님?"

+ + +

"아, 아닙니다. 사람 잘못 보셨습니다."

황 왕군 팀장님께서 말씀하셨다. 죄지은 사람이 늘 그렇듯 필사적으로 시선을 피하고 계셨다.

"약속을 이행할 때가 왔도다. 이 몸의 충실한 오른 팔 황 왕군이여."

"여부가 있겠습니까? 보십시오. 주인님께서 취하실 새로운 육신입니다."

팀장님이 다급히 끼어드셨다.

"제물? 육신?"

"그래, 너를 말하는 것이니라. 이 몸의 사도가 어떻게 그리 과분한 위치까지 갈 수 있었다고 생각하는가? 어찌 모든 액운은 피해 가고 경쟁자들은 다 불행한 사고로 거꾸러졌을까? 다 이 몸께서 힘을 쓴 덕분이니라. 오로지 오늘만을 위해."

"역시나……"

들깨

신도들이 입을 모아 말했다. 그들의 뒤쪽에서 일렁이는 기운이 묘하게 비웃는 것 같은 형상을 만들어 보였다.

나는 무심코 납득했다. 역시 팀장님은 사악하고 초자연적인 존재의 하수인이었다. 그것 말고는 설명할 수 있는 방법이 없기 때문이다. 한편 황 왕군 팀장님께서는 어딘지 억울하신 것 같았다. 내가 편을 들어주지 않아서 억울했을까? 아니면 자신은 능력이 있다고 생각했는데 모함당해서 억울했을까?

"나의 분신을 보라! 악의로 벼린 칼날 같은 모습을! 매 순간마다 너희 인간들이 느끼는 고통과 분노가 내게 힘을 주고 있도다. 최초의 도끼가 주인의 발등을 찍은 이래로 줄곧!"

그것이 말했다. 그리고 잡동사니가 잔뜩 늘어서 있는 작업대를 가리켰다. 모습을 드러낸 것은 차마 두 눈 뜨고 볼 수 없을 만큼 처참한 광경이었다. 마치 악의의 전시장 같은 모습이었다. 어떤 방향으로도 깔끔하게 열리지 않는 과자 봉지. 어느 쪽으로 열어도 열리지 않는 우유 팩. 끄트머리를 찾을 수 없는 박스 테이프. 바스러져서 병 안으로 빠진 코르크. 심지어 저쪽 구석에는 내

자취방에 있는 것과 똑같은, 비좁은 데다 경사가 져서 물만 조금 틀었다 하면 모든 것을 수챗구멍에 처박아 버리는 싱크대까지 있었다.

"마침내 때가 되었도다! 이 몸에게 오라, 새로운 육신이여!"

그것이 외쳤다. 내 옆에 있던 신도 둘이 양쪽에서 팔짱을 끼고 작업대 앞으로 끌고 갔다.

"왜 하필 난데?! 왜 나한테만 지랄이야? 이놈이고 저놈이고 다!"

"네놈이 지금껏 당한 것이 전부 우연이었다고 생각하나? 전부 내가 계획한 일이니라! 네가 지금 회사에 들어온 것도! 매번 부조리한 일을 떠맡게 된 것도! 그리고 온갖 부조리한 우연으로 고통받게 된 것도!"

"야, 이 개자식아! 대머리! 저주해 주마!"

"아직도 기가 죽지 않다니, 훌륭한 정신력이구나. 너는 내 새로운 분신이 될 자격이 있노라! 내 충실한 사도 황 왕군 덕분에 우수한 제물을 얻었구나. 이제 와서 뭘 할 수 있단 말이더냐? 얌전히 내 새로운 육신이 되어라!"

촉수 나쁜 전등이 깜빡였다. 신도들 주변에서 일

들깨

렁거리던 기운이 나를 덮쳤다. 발끝부터 서서히 감각이 사라지기 시작했다. 주변의 공간이 비틀리고 속삭이는 듯 비웃는 소리가 내 귀를 가득 메웠다.

누구라도 알 수 있었다. 놈이 떠든 모든 것이 사실이라는 것을. 아마도 짧은 시간 안에 이 우주적인 악에 몸을 내주고, 나라는 존재는 영영 망각의 저편으로 사라지게 될 것이었다. 그 전에 놈에게 조금의 당혹감이라도 안겨 줄 수 있다면! 이대로 사라지기는 억울해서, 주머니를 뒤적거렸다. 뭔가 손에 잡혔다.

콘샐러드 통이었다.

+ + +

그 난리에도 미련을 못 버리다가 결국 가지고 온 콘샐러드 통. 그놈의 콘샐러드만 아니었다면! 절체절명의 위기에 직면해 나는 마지막 힘을 그러모아, 울분을 담아 통을 던졌다. 통은 날아가다 말고 부자연스럽게 공중에서 멈췄다. 주변에 휘몰아치고 있던 사악한 기운이 일제히 그것으로 빨려 들어갔다. 마치 피뢰침처럼.

다음 순간, 콘샐러드 통이 바닥에 떨어졌다. 톡. 너

무나 볼품없는 소리였다.

"보아라! 수천의 세계를 부수고 수만의 인간을 포식할 이 몸의 모습을!"

콘샐러드 통이 말했다. 헬륨 가스를 마신 것 같은 찍찍거리는 목소리였다. 세상을 멸망시킬 위대한 존재가 새로 얻은 육신이라는 게 그 더럽게 안 열리는 콘샐러드 통이었다. 하지만 왜 콘샐러드 통일까? 그것도 역시 우연에서 태어난 악의로 가득 찬 존재라서? 놈의 권속이라서? 나는 곧 생각을 그만뒀다. 주술적인 것을 상식으로 이해하려고 해 봐야 소용없는 것이다.

"하오나 그 모습은…… 주인이시여……"

황 왕군 팀장님께서는 뭔가 잘못됐다는 걸 깨달은 듯했다. 심지어 그 주인까지도.

"말도 안 돼! 웃기지 마라! 이 몸이 이딴, 이딴 모습으로?"

콘샐러드 통이 모독적인 오색 빛에 휩싸여서 공중에 붕 뜨더니 엉망진창으로 뒤틀리고 변형됐다. 안에서 뭐가 폭발한 것처럼. 초자연적이고 사악하며 강대한 존재가 맞기는 했는지, 통은 멀쩡했다. 그만 참지 못하고 입 밖으로 실소가 흘러나왔다.

　　　　　들깨

"감히 이 몸을 비웃다니! 태어난 것조차 후회하게 만들어 주겠다!"

콘샐러드 통은 이상하게 열을 받은 것처럼, 그 찍찍거리는 소리로 고함을 질러댔다.

그 허세가 무색하게, 풍선에서 바람 새는 것 같은 소리와 함께 현기증 나는 아지랑이 같은 것이 약간 새어 나왔다. 곧이어 소름 끼치는 비명이 들렸다. 광신도들은 죄다 귀에서 피를 흘렸다.

"안돼! 육신을 유지해야⋯⋯! 이 몸께서 이런 굴욕을⋯⋯!"

콘샐러드 통이 발악하듯 사방을 날아다녔다. 이곳저곳에 무지개 색 연막 같은 궤적을 남기다가, 구석에 있는 싱크대 안에 처박혔다. 나는 생각할 것도 없이 물을 틀었다. 콘샐러드 통은 바로 수챗구멍에 처박혔다. 싱크대의 뒤틀리고 망가진 기능을 모두에게 보여 주려는 것처럼. 그 꼴을 보고 나는 미친 사람처럼 웃음을 터뜨렸다. 고작 이런 게 왕이니 신이니 떠들어 대다니.

"웃지 마라! 건방진 놈! 고통받기 위해서 태어난 미물들 주제에!"

"난 대체 뭘⋯⋯?"

"여긴 또 어디야?"

신도들은 서서히 정신을 차렸다. 그들은 입고 있던 로브니 장신구를 바닥에 벗어 던졌다.

"나는 전능한 존재다! 어디에나 있고 어디에도 없…… 으아아아아!"

놈은 나오려고 했지만, 경사와 물기 때문에 잘 안 되었다. 나는 웃었다. 웃음은 전염된다고 했던가? 그 꼴을 본 다른 사람들도 집단 최면에 걸린 것처럼 웃어 대기 시작했다. 동시에 끌려왔던 건물이 흔들리며 사방에서 돌 부스러기가 떨어졌다. 금방이라도 무너질 것처럼.

"이 버러지 같은 놈들! 죽여 주마! 아니, 돌아와라! 돌아와서 날 섬겨! 꺼내 다오! 제발!!!!"

"주인님! 약속하셨지 않습니까! 이렇게 끝나선 안 됩니다!"

황 왕군 팀장님께서 황급히 이쪽으로 뛰어오셔서는, 나를 밀치고 싱크대 앞에 서셨다. 이때 수챗구멍에서 불길한 오색의 안개 같은 것이 뿜어져 나와 팀장님의 몸을 감쌌다. 팀장님의 몸이 발끝부터 서서히, 그 아래로 빨려 들어가기 시작했다.

들깨

"황 왕군이여! 나의 충실한 사도여! 내게 오라! 세상의 마지막까지 나를 섬겨라!"

"아, 안 돼!"

팀장님께서는 싱크대 가장자리를 붙잡고 버텼지만 그저 시간문제였다. 마지막으로 어깨너머로 봤을 때는 내 쪽을 향해 도와 달라는 것처럼 손을 내밀고 계시다가, 그대로 저 개수대 밑으로 사라졌다.

사방에서 잔해가 떨어졌다. 우리는 너 나 할 것 없이 황급히 건물을 빠져나와, 어디로 왔는지도 모를 길을 따라 뿔뿔이 흩어져서는 집으로 돌아왔다. 비둘기가 그러는 것처럼. 귀소본능이라고 했던가? 집에 왔을 때는 동이 트고 있었다.

다음 날 회사에 돌아가자, 황 왕군 팀장님의 존재 자체가 사라졌다. 마치 처음부터 없었던 사람인 것처럼 조직도에도 없었고, 심지어 책상조차 없었다. 물론 팀장님이 사라졌다고 회사가 눈에 띄게 좋아졌을 리는 없다. 그래도 이전보다는 나았다. 적어도 김 수악물가이 선배님이나 이 돌비어흘덕 선배님께서는 초자연적이고 사악한 존재에게 나를 제물로 바치려 들지는 않을 테니까.

놈이 언제까지 그 무너진 건물 잔해에 파묻혀 있을지는 알 수 없다. 어느 날 갑자기 또 세뇌한 추종자들을 모아 세상을 도탄에 빠뜨리려고 할지도 모른다. 하지만 콘샐러드 통이 아니더라도 놈을 막을 수 있는 것은 어디에나 있을 것이다. 어차피 세상은 부조리하고 우스꽝스러운 것으로 가득 차 있으니.

나는 오랜만에, 내일에 대한 걱정 없이 다리를 쭉 뻗고 누워 잠들 수 있었다. 그리고 고양이의 발걸음, 산의 뿌리, 새의 침에 관한 어지럽고 혼란스러운 꿈을 꾸었다.

들깨

누구와
웃을 것인가

김민하

김민하　　　정치·사회 평론가, 칼럼니스트. 민주노동당, 진보신당 등에서 일하며 한국의 진보정치가 현실적 대안으로 자리 잡는 데 조금이라도 보탬이 되고자 했으나 무엇이 잘못됐는지 기대만큼 잘되지 않았다. 직업으로서 진보정치를 그만둔 이후에는 현실정치 전반을 분석하고 비평하고 있다. 신문, 잡지 등 여러 매체에 글을 기고하고 있으며, 밤낮을 가리지 않고 TV와 라디오의 뉴스, 시사프로그램에 패널로 출연하고 있다. 지은 책으로『저쪽이 싫어서 투표하는 민주주의』,『냉소 사회』,『레닌을 사랑한 오타쿠』가 있으며,『지금, 여기의 극우주의』,『우파의 불만』 등에 필자로 함께 참여했다.

시국을 타개할 [유머]를 찾는 시사 평론

"자신을 웃음거리로 만들기를
바라지 않는 자들과
싸우기 위해, 그러니까 그들을
웃음거리로 만들기 위해,
여전히 무기로서의 농담은 필요하다."

'부킹계엄령'이라는 인터넷 밈이 있다. 호박나이트라는 업소에서 '박정희'가 예명인 직원의 홍보 전단을 만들면서 부킹계엄령이라는 문구를 적어 넣었는데, 이게 화제가 되었던 것이다. 전단에는 5.16 군사정변 당시 박정희 소장의 근엄한 모습과 함께 "탁월한 선택, 현관에서 박정희를 꼭 찾아 주세요"라는 문구가 적혀 있다.

2024년 12월 3일 불법 계엄 선포 사태 이후 이 오래된 밈을 다시 떠올렸다. '부킹계엄령 이후 내 인생에 계엄령이 또 있으리라고는 생각지 못했다'는 말이 목구멍까지 나왔지만, 상대적으로 분위기가 가벼운 유튜브 방송에서도 감히 입 밖으로 꺼내지 못했다. 12월 3일의 사태는 모두에게 충격이고 상처이기 때문이다. 나 자신도 스스로에 크게 놀라는 중이다. '어떻게 쟁취한 민주주의인가!' '그동안 사람들의 희생은 다 무엇이었나!' '적어도 국회에 무장한 군인이 들어가서는 안 된다는 것 정도는 합의된 사회여야 하지 않는가!' 하는 식의 한탄에 하루에도 몇 번씩 가슴이 답답해진다. 나는 이 정도로 애국자였던 것인가?

농담이 아닌 정국

이 글을 쓰는 시점에도 진상은 여전히 밝혀지는 와중인데, 사실관계가 업데이트될 때마다 혀를 내두르게 된다. 대통령이라는 사람은 취임 이후 여소야대라는 한계 속에서 정치적 수완을 발휘해 난관을 뚫고 협상을 시도하기보다는, 통치기구를 틀어쥐고 불가능한 일을 억지로라도 밀어붙이는 강압적 해결방식을 선호해 온 것 같다. 그때부터 이미 '아, 비상대권으로 다 쓸어 버렸으면……' 하는 마음을 가지고 있다가, 2024년 4월의 총선에서 기록적 패배를 당해 임기 내내 여소야대에서 벗어날 길이 없어진 이후, 비상계엄령 선포를 통한 국회 무력화와 비상입법기구의 설립이라는 독재체제로의 이행을 통해 총선 결과를 부정하겠다는 구체적 계획을 세우는 데에 이른 것이다.

김용현 전 국방부장관에 대한 공소장에 실려 있는, 비상계엄 선포 당일 대통령 지시에 대한 군 관계자들의 증언은 섬뜩한 느낌마저 들게 한다. 대통령은 사령관들에게 국회의 비상계엄 해제 요구안 의결을 막기 위해 국회의원들을 본회의장 바깥으로 끌어내 체포하라며 "총을 쏴서라도 문을 부수고 들어가서 끌어내라", "문짝을 도끼로 부수고서라도 안으로 들어가서 다 끄집어내라"라고 했다고 한다. 당일 군인들 손에 들린 총과 도끼가 제 몫을 했다면 부서지는 것은 문짝만이 아니었을 거다. 그날의 혼란과 같은 상황 속에서 피가 한번 흐르기 시작하면 그야말로 걷잡을 수 없어진다는 건 우리 모두가 역사의 반복된 사례를 통해 충분히 학습했다.

이전까지 윤석열 대통령이라는 인물은 이런저런 농담의 소재로 삼기 쉬운 대상이었다. 맨날 술 먹고, 지각하고, 방귀 뿡뿡 뀌고, 부하들에게 화만 내고, 배우자를 지키는 데에만 혈안이 돼 있고, '궁정 마법사'들 말만 믿고……. 그러나 총을 쏘고 도끼를 휘두르라는 지시를 실제로 했다는 사실을 알게 된 이후 그는 이제 현실에

실재하는 잔인한 독재자에 가까운 인물이다.

그렇다. 드러난 사실들로 보면, 습관적으로 자유민
주주의를 외치던 대통령이라는 사람은 계엄의 그 밤 독
재자가 되기로 굳게 결심했던 게 틀림이 없다. 그런데
독재자는 태생적으로 농담과 맞지 않는다. 농담은 농담
의 주체와 대상 간에 최소한의 거리를 요구한다. 2024
년 12월 3일 이후 계엄령을 농담 소재로 쓰기 어려워진
이유도 여기에 있다. 이미 역사화되어 교과서에 있거나
기껏해야 '부킹계엄령'으로나 존재했던 계엄령이 별안
간 우리 삶의 존엄과 안전에 대한 현실적 위협이 된 거
다. 당장 위험이 코앞에 닥쳐 있는데, 농담이나 하고 있
을 수는 없는 것 아니겠나.

농담의 아포칼립스

그런데 독재자는 바로 그런 상황, 그러니까 자신의 권
위와 권력이 '현실적 위협'으로 남아 있는 것을 원한다.
스스로 웃음거리가 되기를 원하는 독재 권력은 없다.
'전두환 닮은꼴'로 유명한 배우 박용식은 전두환과 닮
았다는 바로 그 이유로 군부독재 정권에서 민주화 이전

김민하

까지 방송 출연을 사실상 금지당했다. 다행히(?) 문민 정부 이후에는 오히려 전두환 역할을 맡는 걸로 전성기를 맞이했는데, 그중에는 드라마 「제4공화국」에서처럼 진지한 정극 연기를 펼친 것도 있었지만 코미디 프로그램에 나와 전두환의 '29만 원'[1]을 풍자한 사례도 있다. 독재 체제였으면 불가능했을 일이라는 점에서 독재자와 농담의 관계를 잘 보여 주는 대목이다.

스스로 독재자가 되려 한 윤석열 대통령도 자유민주주의자를 자처하던 시절에는 풍자의 자유를 주장했다. 2021년 대선 후보였던 시절, 「SNL 코리아」에서 방송인 주현영의 '주기자가 간다' 코너에 출연해 '대통령이 되어도 정치풍자를 마음껏 할 수 있도록 도와줄 것인가'란 질문에 "그건 도와주는 게 아니라 SNL의 권리입니다"라고 대답한 것이다. 이 답변에는 상대편인 더불어민주당의 극성스러운 지지자들이 자신들이 지지하는 정치인을 향한 풍자를 용인하지 않고 억압한다는 팬덤 정치에 대한 비판의 맥락이 있었다.

[1] 2003년 법원으로부터 재산 명시 명령을 받은 전두환 전 대통령의 예금 항목에는 29만 1000원이 기재되어 있었다. 이로부터 '전두환이 전 재산을 29만 원으로 신고했다'는 설이 퍼져 공분을 샀다.

그러나 정작 윤석열 정부가 들어선 이후인 2024년 3월 '가상으로 꾸며 본 윤 대통령 양심 고백 연설'이라는 풍자 영상이 여당으로부터 고발을 당하는 일이 벌어졌다. 그것은 대통령을 겨냥한 딥페이크로, 허위 사실에 의한 명예훼손으로 고발된 것이다. 보통 '딥페이크'란 진짜와 구분하기 어렵게 할 목적으로 인공지능 등 합성 기술을 동원해 만든 가짜 영상을 일컫는다. 그런데 문제의 영상은 윤석열 대통령이 스스로 "무능하고 부패한 윤석열 정부는 특권과 반칙, 부정과 부패를 일삼았다."라고 연설을 하는 내용이다. 누가 봐도 가짜임을 알 수 있는, 윤석열 대통령의 연설 내용을 군데군데 잘라서 어색하게 이어 붙인 짜깁기 영상에 가깝다. 제목에도 '가상으로 꾸며 본'이라는 단어가 들어가 있다.

이걸 여당이 명예훼손으로 고발했다는 것은 풍자, 넓게 봐서 농담을 탄압할 목적 말고는 그 이유를 설명하기가 어렵다. 이런 식의 탄압 시도는 전두환 닮은꼴 배우의 사례로 보듯 유구한 역사가 있다. 윤석열 정권은 이전부터 독재 지향적 성격을 다양한 기회를 통해 드러내고 있었다. 이들이 '자유민주주의'를 자처했던 것은 거꾸로 상대에게 권위주의-전체주의의 이미지를

김민하

덧입혀 반대하기 이상의 의미는 없었다고 봐야 한다. 윤석열 대통령은 문재인 정권을 향해 "자유민주주의에서 '자유'를 빼려고 했다"라는 등의 비판을 제기하며 집권에 성공했다. 즉 윤석열 대통령이 자유민주주의자를 자처한 것은 자신이 그러한 이념형을 꼭 지향해서라기보다는 '상대가 자유민주주의를 반대하기 때문'이었다. 윤석열 대통령이 불법적인 비상계엄령 선포라는 시대착오적·퇴행적 이벤트로 정권의 마지막을 장식함으로써 이 사실이 만천하에 증명된 것이다.

숭고함의 퍼레이드

우울한 것은 농담의 아포칼립스가 이걸로 끝맺어지지는 않을 거라는 점이다. 이 나라의 보수세력은 박근혜 전 대통령 탄핵 국면을 통해 반성하고 사죄해 봐야 소용이 없고, 뻔뻔하게 버티는 게 장사라는 잘못된 교훈을 얻은 것 같다.

그래서 대통령이 독재자가 되려고 해 민주공화정을 파괴한 사태에 대해서도 방어적 태도로 일관하며 거리의 '아스팔트 보수'에 의존해 정치적 생명을 부지하려하는 것이다. 대통령이라는 사람과 그를 방어하는 법 전문가, 말 만들기의 도사인 정치인들은 거리와 유튜브 세계의 급진적 보수들이 자기들만의 세계를 유지하는 데 필요한 동력을 꾸준히 공급하는 중이다. 그 핵심은 '반국가적 종북세력이 언론과 수사기관 및 사법부마저 장악했으며, 여론조사와 선거 결과도 오염된 것이 분명 하며, 따라서 이 나라엔 계엄이 필요했으며, 대통령은 정당한 권한 행사를 결단했을 뿐'이라는 숭고함으로 점 철된 논리다.

헌법재판소가 대통령에 대한 파면을 결정하면 윤 석열이라는 인물은 순교자가 되고 이들의 숭고한 세계 는 완성될 것이다. 여기까지는 그리 긴 시일이 걸릴 거 라 예상하지 않는다. 문제는 그다음이다. 이 세계에서 탄핵은 분명 부당한 일이 되므로, 비장미 넘치는 투쟁 이 필요하다. 이 '투쟁'은 적어도 지금의 보수세력이 상 대의 실책에 기대어 다시 '혁신 쇼'를 통해 권력을 움켜 쥘 기회를 노릴 수 있을 때까지 계속될 것이다.

이 점에서 윤석열 대통령이 불법 계엄 선포라는 방 아쇠를 당김으로써 시작된 사태는 단지 탄핵의 인용으 로 일단락된다고 볼 수 없다. 일련의 과정은 충격적 사태를 그린 본편이면서, 동시에 거대한 퇴행을 경고하는 예고편의 역할을 수행하고 있다. 이러한 조류는 심지어 세계적이다. 도널드 트럼프가 2021년 미국에서 국회의 사당 폭동을 선동하면서 정치적으로 끝난 것처럼 보였는데도, 바이든 정부의 정책적 실책을 발판으로 재집권에 성공한 것을 보라. 불법 계엄 선포라는 만행은 우리 사회에 되돌리기 어려운 상흔을 남길 것이다.

독재의 권위에 맞서는 일상적 농담들

이 비장미 넘치는 숭고함과 싸우는 사람들의 무기는 무엇이 되어야 할까? 나는 독재자가 되고 싶어 하는 지도자의 탄핵을 촉구하는 집회에 다시 등장한 깃발들에서 실마리를 찾는다.

'강아지발냄새연구회', '민주묘총', '전국 집에누워 있기 연합', '전국 뒤로 미루기 연합' 등이 적힌 깃발은 누구나 참가할 수 있는 집회의 성격을 강조하면서, 동시에 깃발을 준비한 사람 자신의 '평범하기 때문에 특별한' 정체성을 표현한 것으로 보인다. 그런데 이러한 깃발들의 집합은 그 자체로 정치 집회의 진지한 성격을 희석한다. 이는 태극기와 성조기가 등장하는 보수의 탄핵 반대 집회에서 추구하는 비장함과는 전혀 다른 것이다.

독재자와 그 지지자들은 자신들 혹은 자신이 지지하는 체제가 웃음거리가 되길 원하지 않아서, 또한 독재에 반대하는 사람들은 독재 시도가 현실적 위협으로 작용하고 있기 때문에 농담은 이제 존재할 수 없게 되었다. 그러나 자신을 웃음거리로 만들기를 바라지 않는 자들과 싸우기 위해, 그러니까 그들을 웃음거리로 만들기 위해, 여전히 무기로서의 농담은 필요하다.

여기서 독일의 베스트셀러 작가 페터 슬로터다이크가 논한 '키니시즘(kynicism)'과 '시니시즘(cynicism)'의 구분을 떠올릴 필요가 있다.[2] 슬로터다이크는 현대 이데올로기의 지배적 기능 양식을 시니컬(cynical), 즉 냉소적인 것이라고 했다. 이 때문에 계몽주의적 방식의 이데올로기 비판이 더 이상 작동하지 않게 되었다는 것이다. 반면 키니시즘은 고대 그리스어 '개'에서 유래한 키니코스(Kynikos) 학파로부터 따온 명칭으로, 이

[2] 페터 슬로터다이크, 이진우·박미애 옮김, 『냉소적 이성 비판 1』(에코리브르, 2005).

들의 견유주의적 태도에 뿌리를 두고 있다. 이와 관련해 슬라보예 지젝은 지배 이데올로기의 비장한 측면을 일상적 진부함과 맞닥뜨리게 해 웃음거리로 만들고 그 이면을 폭로하는 게 키니컬한 절차라고 해설했다.[3] 이게 개를 자처하며 알렉산더 대왕에게 볕을 가리지 말고 비키라고 했다는 디오게네스가 기행을 통해 당대의 주류들에게 한 일이다. 즉 시니시즘이 '세상을 바꾸려 노력해 봐야 소용없고, 어차피 사는 건 다 똑같다'는 정해진 결론으로 간다면, 키니시즘은 권력을 우스운 것으로 만들어 권위의 부재를 증명해 결과적으로 세상을 바꾸는데 기여한다.

탄핵 집회에서 발견된 재치 있는 깃발들은 이런 점에서 시대착오적 퇴행에 맞서는 키니컬한 투쟁 방식이라고 평가할 만하다. 사실 깃발뿐만이 아니다. 게임은 해야겠고 집회에 안 올 수는 없고 해서 휴대용 좌식 테이블과 노트북, 게임패드를 챙겨 나왔다는 집회 참가자도 있었다. 심지어 아이돌 오타쿠들까지 나와 오타게를……. 하여간 SNS로 공유된, 집회 장소에서 우리가

[3] 슬라보예 지젝, 이수련 옮김, 『이데올로기의 숭고한 대상』(새물결, 2013).

맞닥뜨린 웃지 않을 수 없는 순간들은 모두 독재의 권위에 맞서는 일상적 농담들의 투쟁이라 말할 수 있다.

이런 시대상에서 우리는 유머의 본질을 간파할 수 있다. 유튜브 등 다양한 매체에 범람하는 코미디처럼 단지 소모적이거나 심지어 약자에 적대적인 세계관을 재생산하는 냉소적 농담들이 세상을 지배하는 것처럼 보일 때가 종종 있는 게 사실이다. 이런 농담들은 기성의 체제가 원하는 바를 농담이라는 받아들이기 쉬운 형식에 얹어 관철한다는 점에서 근본적으로 냉소적인 성격을 갖고 있다.

그런데 지금처럼 농담할 수 있는 세계를 되찾기 위해, 농담을 허용하지 않거나 독점하려는 권력을 상대로 싸워야 하는 시대에는 유머가 퇴행을 막으려는 사람들의 수단이 된다. 물론 농담 역시 모든 것으로부터 자유로울 수는 없어서, 똑같은 농담도 누군가에겐 상처가 된다. 유머의 본질은 누가 누구와 대립하느냐에 있고, 어떤 유머냐의 문제는 결국 '누구와 함께 웃을 수 있는가'로 요약할 수 있다는 거다.

김민하

새로운 집회 현장에서

탄핵소추안이 부결된 2024년 12월 7일 밤의 광경을 기억한다. 국회 표결에 대한 유튜브 중계를 끝내고 일부러 여의도 집회 현장에 나가 보았다. 시사평론가로서 장시간 방송을 하는 것으로 그날의 의무(?)는 마쳤다는 생각도 들었으나, 또 그런 이유로 현장에 가 보지 않는 건 불성실한 일이라는 생각도 들었다.

과거 운동권으로 살며 정말 여러 집회 현장을 겪어 왔다고 생각했는데, 생전 처음 보는 광경이 펼쳐져 있었다. 집회라기보다는 콘서트장에서 발견할 법한 에너지가 느껴졌다. 젊은이들은 마치 끝난 축제에서 남은 즐길 거리를 찾는, 기대와 아쉬움이 뒤섞인 표정이었다. 내가 겪어 온 집회에선 쉽게 볼 수 없었던 얼굴이다. 그중엔 집회 참가 자체가 처음인 듯, 그 시점 여의도에 존재하는 모든 것에 대하여 놀라워하는 이도 있었다. 기분 좋은 소외감 같은 것이 느껴져 눈물이 났다. 원래 집회 참가자가 너무 동질적이면 외롭고 서럽다.

이들은 왜 여기에 왔을까? 그 전에는 어디에 있었을까? 생각이 꼬리에 꼬리를 물었다. 왜 하필 케이팝과

응원봉일까? 결국 이들은 다들 각자의 현장에서, 각자의 억울함을 안고, 각자의 방식으로 싸워 온 평범한 사람들인 것이다. 원래대로라면 아마도 만날 일이 없던 사람들인데 윤석열이라는 권력자가 모두를 한꺼번에 위협하니 광장으로 죄다 나와 평소 하던 방식으로 자기주장을 한 거다.

과거의 사례를 돌아볼 때, 이렇게 만난 사람들은 문제가 해결되면 각자의 자리로 빠르게 흩어진다. 함께했던 기억은 빠르게 잊힌다. 이게 그동안 우리가 경험해 온 민주주의다. 이런 민주주의의 조건 속에서 윤석열이라는 권력자가 탄생했다. 그러나 이번에는 독재자가 유난스러운 방식으로 오래 버텨서든, 우리 사회가 그동안 좀 배운 게 있어서든 뭔가 다를 수도 있겠다는 희망이 감지된다. 12월 21일에서 22일에 걸친 '남태령 대첩'에서 평소 잘 몰랐던 서로를 배우고 존중하는 모습이 그랬다. 여의도 정치의 사정이 어떻든, 권력이 어디로 이동하든 이런 모습이 길게 이어져야 민주주의가 한 발짝 더 나아갈 수 있고 그래야 불법 계엄 선포와 같은 일을 감행하는 무도한 권력이 다시 집권하지 않는다. 그렇게 하려면 광장에 나온 사람들끼리 무엇보다도

김민하

함께 웃는 경험이 계속해서 누적되는 것이 중요하다.

　그런 점에서 억울한, 약자인, 다른 이들과 공감할 수 있는, 세상을 바꾸고 싶은 사람들과 함께 웃기 위한 농담은 독재자와 싸우고 세상을 앞으로 이끌어 나가기 위한 무기가 되는 것이다. 옛날 유행어를 빌려 말하자면 길고 긴 겨울이 오고 있는데, 그러니 옆 사람과 웃으며 손을 꼭 잡으시라.

나락에서의
농담

복길

복길   2016년부터 X(구 트위터) 계정명인 '복길'로 텔레비전, 케이
팝에 대한 글을 잡지와 신문에 투고하고 있다. 2019년에는 한국 예능
을 소재로 한 에세이 『아무튼 예능』을 썼다. 《시사IN》에 'K콘텐츠의 순
간들'을, 《경향신문》에 '복길의 채무일기'를 연재하고 있다.

[유머] 능력을 회복하려는 예능 평론가의 분투기

"자신을 웃음거리로 만들기를
바라지 않는 자들과
싸우기 위해, 그러니까 그들을
웃음거리로 만들기 위해,
여전히 무기로서의 농담은 필요하다."

2015년 트위터를 한 지 반년 만에 3만 명의 팔로워가 생겼다. 트위터 팔로워가 많은 건 좋다. 졸리다, 배고프다 같은 시시한 말을 적어도 사람들이 관심을 준다. 별 것 아닌 것 같아도 그걸로 외로움이 꽤 해소된다. "언니는 참 좋겠어. 예쁜 사진 한 장 없이 헛소리만 갈겨도 사람들이 '참 잘했어요' 버튼 눌러 주잖아." 언젠가 동생이 지나가듯 말한 것처럼.

지난 10년간 매일 트위터에 농담을 썼다. 나의 혼잣말을 수천수만 명이 지켜본다. 글로 생방송을 진행하는 기분. 리트윗과 관심 버튼 옆에 올라가는 숫자는 즉각적인 흥행 지표. 사람들에게 미움받을 만한 말은 하지 말아야지, 어떤 사람의 비위도 거스르지 않을 생각을 써야지. 일찌감치 생긴 이상한 감각. 내 안에서 팔로워와 잠재적 팔로워의 존재가 커질수록 농담은 좁아지고, 좁아지고, 좁아지고. 어느덧 내가 쓸 수 있는 것은 졸리다, 배고프다는 시시한 말뿐. 그러나 그마저도 모두 각색된 것이다. 나는 졸리지 않지만 '졸리다'라고 쓰고 존다. '배고프다'라는 말을 적고 나서야 밥을 먹는다. 그것이 이제 내가 할 수 있는 극도로 좁은 농담의 전부. 그럼에도 또 생각한다.

작가, 인플루언서

비평가 윤아랑은 "작가이면서 인플루언서이기"에 대해 "'기성'과 '대안'의 기괴한 꼬리물기"라는 표현을 쓴다.[1] 트위터 활동이 각종 지면의 글쓰기 활동으로 이어진 나는 내가 그 '기괴함'에 일조하는 존재라는 것을 인식하면서도, 기성 문단의 인정을 받지 못함을 근거로 작가이기와 선을 긋고 대형에서 이탈해 인플루언서라는 비교적 새롭고 가벼운 존재로 남기를 원한다.

[1] 윤아랑, 「네임드 유저의 수기」, 《한편》 2호(2020년 5월호) '인플루언서', 52쪽.

그러나 출판 업계를 제외한 모든 시장에서 외면받는 트위터(텍스트) 인플루언서는 트위터 내에서도 '영향력'을 부정당하는 존재다. 다시 말해 작가이기를 포기한다면 인플루언서의 세력 확장에도 한계가 생긴다. 나는 '인플루언서는 그저 인플루언서에 머물 생각이 없다'는 단언을 위반하고자 다양한 노력을 했지만 모두 실패했다. 사용할 수 없는 영향력이 계속해서 축적되는 것은, 얻는 것 없이 오직 나의 자유만이 제한되는 경험이었다.

트위터는 내가 존재하는 방식. 그러나 그곳에서 더 많은 영향력을 얻으려다 더 이상 웃기지 않은 사람이 되었고, 그로 인해 작가로서의 가능성도 파손되었다. 이대로 나의 존재, 영향력, 미래를 포기할 것인가. 다시 나의 유머를 찾기 위해 나는 도대체 무엇을 연습해야 하나.

걸어 다니는 미친 애

여자친구가 유튜브를 하루에 몇 시간씩 보는데요. 항상 트랜스젠더 유튜브만 봐요. 처음에는 카광인가?

막 남자가 여장하고 조건남들 집에 부르는 이상한 거 재밌다고 보더니 트젠 미미, 파티마, 퐁자, 꽃자 이런 사람들을 찾아서 보고요, 페미는 안 하는 것 같은데 레즈나 페미 유튜브도 가끔 보고요. (……) 비난하는 게 아니라 목소리 듣기만 해도 속이 안 좋아져서 여자친구랑 갈등이 있는데요, 여자친구가 주변 환경에 영향을 받는 편 같아서 보면 막 갑자기 이상한 사상을 가질까 무섭기도 하고…….(네이버 지식인 '연애, 결혼' 카테고리 질문, 2023년 9월)

윗글이 온라인 커뮤니티와 SNS를 소소하게 강타, 그러니까 약타했을 때, 친구 몇 명이 캡처를 해서 보내 줬다. '니 남자친구가 니 얘기 지식인에 올렸다'면서. 계속 보게 됐다. 글 작성자가 의식하고 있는 것이 대체 무엇인지 궁금해지는 혼란스럽고 기묘한 글. 정말 내 얘기일지도?

그러나 카광은 트랜스젠더가 아니다.(그의 라이브에서 성정체성을 물으면 AI 채팅 관리자가 '니애미'라고 답한다.) 또 나는 본문에 나열된 트랜스여성의 유튜브만 보는 것이 아니다.(트랜스남성의 브이로그를 더 자주 본다.)

그리고 나는 정말 페미를 '한다.'(진짜다. 나는 '페미'를 하고, '페미니스트'는 아닌 것 같다는 생각을 한다.) 하지만 '레즈나 페미'가 누구의 이름인지는 모른다.(저걸 '레즈 또는 페미'라고 해석하기가 싫다. 둘은 교집합일 수 있으나, 왠지 그 혼동이 의도된 것 같아 불쾌하다.) 또한 나는 존중의 의미로 속이 안 좋아진다는 사람을 살면서 한 번도 본 적이 없다. 결정적으로 나는 이미 이상한 사상을 갖고 있다.

내 몇 없는 친구들은 모두 퀴어인데, 언젠가 한 친구와 이태원 게이힐을 올랐다. 올웨이즈 옴프 앞을 지나고 있을 때쯤, 골목에 나와 있던 많은 호객꾼 중 하나가 내 친구를 보며 소리쳤다. "야! 넌 '걸커(걸어 다니는 커밍아웃)'가 왜 일반인 척 하니? 100미터 밖에서 봐도 끼린내가 진동하는구만!" 게이인 친구는 조용히 "저 씨발년이……?"라 읊조렸고, 나는 그게 웃겨서 깔깔대며 웃었다. 그러자 그 직원이 나를 지목하며 말했다. "옆에 언니 너도 정상은 아니지? 이 밤중에 왜 게이랑 단둘이 걸어 다녀? 너도 미친 애야."

온텍충의 끼리라루스

10년간 꾸준히 한 거라곤 트위터뿐이라서 내 친구들은 모두 퀴어이자 트친이고, 나는 그 동성애 일당과 그들이 전파한 유머에 단단히 물들어 있다. 이 사악한 '퀴어 플래그 케이팝 끼리라루스닉네임'들아.[2] 너희들만 아니었어도 나는 대구 출신의 보수적인 우파 여성으로 돈 잘 벌며 살 수 있었다.

언젠가부터 나는 나를 퀴어라 착각하는 것도 같다. 누군가는 이 사실을 징그럽게 여길지 모르지만, 이 착각은 내가 그들과 나를 동일시할 만큼 완전한 조력자라는 뜻도 아니다. 내 착각은 그들의 고통이 전이되지 않을 만큼 멀찌감치 서서, '울고 있는 자들이여, 나도 울고 있다.' 같은 말을 하고 그게 대단한 연대인 줄 아는 감상 같은 것이다. 그러나 나의 퀴어-트친들은 내가 감상에 빠져 있든 말든 자기가 하고 싶은 농담을 한다.

[2] 트위터에서는 본인이 퀴어 또는 퀴어에게 연대하는 앨라이(ally)임을 드러내기 위해 프라이드 플래그를 닉네임 옆에 단다. 또한 그런 트위터 퀴어들은 자신의 정체를 드러내는 데 케이팝을 적극적으로 인용하고, '끼리라루스'(게이 유튜버 강학두의 유행어)와 같은 LGBT 사이의 은어로 정서를 공유한다.

이제 트위터에서는 페미이지 않고 퀴어이지 않은 농담은 성공할 수 없는 것 같다. 페미들이 나누는 농담 안에서 나는 대상이 아니라 주체로서 안락하다. '진짜 세상'에선 맛볼 수 없는 그 안락한 웃음은 '여성'의 프라이드를 훼손하지 않아야 성공할 수 있고, 그렇기에 대부분의 주제는 '남성'에 대한 비하다. 그래서 이것은 종종 (남성이 착취하는) 여성성에 대한 비하로 이어지고 전개가 어긋나면 남성성에 대한 긍정으로까지 이어지는데, 트위터 퀴어 농담은 바로 그 지점, 몸에 지나치게 속박된 비퀴어의 모순을 포착하며 발생한다. 이러한 이유로 트위터의 래디컬 페미니스트들은 페미와 퀴어의 유머가 절대 공존할 수 없으며, 퀴어의 유머가 페미의 유머를 저격한다고 주장한다.

페미이자 앨라이인 나는 그들의 주장이 표면적인 사실을 담고 있지만, 동시에 결코 아무것도 쏘지 못하는 퀴어 유머의 저격이 안락한 트페미의 유머에 긴장감과 날카로움을 만든다고 해석한다. 결론적으로 나의 유머가 트위터에서 성공하기 위해서는 이 사실과 해석을 기반으로 한 농담을 구사해야 한다. 하지만 대체 그런 까다로운 작업을 누가, 왜 한단 말인가? 아, 왜 나는 자꾸만 안락한 페미 유머 공동체를 견디지 못하는 걸까? 왜 트위터에서 웃긴 놈들은 다 게이나 레즈비언일까? 긴 생각 끝에 겨우 쓴다. 여러분 제 고양이 어떤가요. 정말 뚱뚱하죠. 그래도 사랑스럽고요. 음…… 그래요…….

이반지하는 왜 그렇게 웃긴가

"감히 너희가 나를 기억하기보다는 너네는 그냥 나를 외워야 될 거야. 모든 역사적 사건처럼."

이반지하는 이런 말을 아무렇지도 않게 한다. 자신의 '위대함'을 강요하는 사람은 락스타이거나 사이비 교주다. 이반지하의 유머를 꾸준히 세상에 소개한 비평가 이연숙은 "한 인간이, 한 (여성) 퀴어 예술가가, 한 '광대'가 스스로를 진정 '위대하다'고 믿고 있다면, 그것은 실로 우려할 만한 망상"이라 한 뒤, "오직 광대만이 위대해질 수" 있으며, 광대인 "이반지하가 위대하다면 그것은 반복적인 자기 선언 때문만이 아니라, 그가 구사하는 유머의 형식이 위대하기 때문"이라 말한다.[3]

[3] 이연숙(리타), 「위대함 또는 유머: 세계를 둘로 쪼개기」, 국립현대미술관 레지던시, 2023년 8월 11일.

퀴어들의 고민을 상담하는 유튜브 콘텐츠 「퀴서비스」에 출연한 이반지하는 정체성과 관련한 질문에 "비슷한 거, 대충, 가끔씩"이라 대답하라고 권한다. "너 홍석천 같은 거야?" "(바이섹슈얼이지만) 어, 그런 거야." "너 게이야?" "가끔씩." "너 여자야?" "(트랜스젠더이지만) 대충 그런 거야." 그의 앞에 앉은 퀴어들은 순간 당황한 웃음을 지어 보이지만, 곧 그것이 세상에 끝없이 자신의 존재를 증명하느라 지친 퀴어들을 향한 위로이자 긴 싸움을 대비한 새로운 투쟁 전략이란 사실을 인지하며 그의 유머에 동조한다. 비퀴어인 나는 저 농담 속에서 이반지하가 굳이 설득하고 싶지 않은 존재다. 그런데 나는 그의 '퀴어한' 농담에 속절없이 웃고, 그것이 위로하는 대상들과 같은 눈물을 흘린다. 도대체 왜? 그 사실을 인식하면 내가 제일 이상하고 이해할 수 없는 존재처럼 느껴진다. 정녕 내가 그의 유머에 공략당한 이유는 무엇인가? 내가 그저 '이상한' 사람이기 때문인가?

나는 그를 만나기 전까지 생존자라는 개념이 유머의 소재가 될 수 있다는 것을 상상하지 못했다. 나는 잘 웃고, 잘 웃기다가도 내 인생이 죽음에 맞닿을 때는 늘 비장하게 절규했다. 울대가 터지고 복근이 끊어질 때까지. 그런데 어느 날 나타난 이 사람은 울대가 터지고 복근이 끊어진 채로 담담히 농담을 이어 가고 있었다. '님, 지금 웃을 상황이 아니'라고 말하려는데 그의 모습이 너무 웃긴 나머지 나는 잠긴 목으로 배를 움켜쥐며 웃은 것이었다.

　　이반지하의 『나는 왜 이렇게 웃긴가』 맨 앞장엔 일종의 경고문이 있는데 나는 그것을 종종 '유머의 경전'처럼 소중히 읽고 혼자 답한다. "그대, 오늘도 속절없이 터져 버린 웃음을 담고 중심을 잃고 흔들리는 육체를 가누지 못한 채 감히 여기서 비결을 알고자 하는가." 네, '마음껏 묻고, 경탄하고, 분석하고, 탐구'하겠습니다. "그러나 그대, 이반지하가 되겠는가. 그대, 이반지하처럼 살겠는가." 나는 그가 겪은 모든 싸움의 산물일 유머를 취하고는 망설이다 대답한다. 그건 좀. 내 대답은 '당신 같은 퀴어의 삶에 적극적으로 개입할 자신이 없다'는 일종의 항복선언. 그러니 그는 마치 승리한 듯 대답한다. "그래서 이렇게 나는 웃긴 것이다."

와불

울대가 터지고 복근이 끊어지는 병에 걸린 후 한동안은 말을 유언처럼 했다. 누가 안부를 물으면 괜찮다고 하면서도 말끝을 희미하게 줄이고, 누가 고민을 털어놓으면 어차피 사람은 다 죽는다며 말꼬리를 자르는 식으로. 통증을 견딘다는 것이 꼭 무언가를 깨닫는 행위처럼 느껴져서 그랬던 것 같다.

시간이 흘러 나에게 어떤 연락도 오지 않을 때쯤 일기를 썼다. 씨발 뭐지? 진통제나 항생제 없이는 5분도 버틸 수가 없다. 가족도, 친구도, 의사도 전부 두드려 패고만 싶다. 고통으로 얻긴 뭘 얻나. 걸레짝이 된 정신만 남았다. 그래, 이럴 줄 알았다. 이게 무슨 메이플스토리 서버장애 이벤트도 아니고 건강을 잃었다고 지혜가 절로 보상될 리가. 나는 그저 내 병명을 말하면 즉각 돌아오는 달콤한 위로에 취한 것뿐. 내가 너보다 더 큰 비극을 갖고 있다며 깃발을 꽂고 싶었던 것뿐.

질병의 육체적 통증은 오직 상실의 경험이다. 그리고 질병의 정신적 고통은 그 사실을 깨닫는 것으로 시작된다. 두 가지 좆같은 고통을 제대로 직면하지 않으면 회복을 할 수 없다는 얘기다. 하지만 왜 그래야 되는데? 아픈 것만 해도 서러운데 굳이 그럴 필요가 있나. 치료 끝나면 투병기나 웃기게 써서 포스타입에 팔아야지⋯⋯. 아, 아니다. 그것도 쉽지 않겠다. 병원에 병자들이 너무 많다. 이렇게 흔한 경험을 누가 돈 주고 읽나. 비관은 병을 외면하면 가장 먼저 반갑게 찾아오는 습성. 나는 빚만 만드는 가족의 짐, 중병으로 인해 미래가 불투명한 실직자, 소중했던 관계도 모두 끊어진 실패한 인간. 이제 내 삶에 남은 과제는 자아를 파괴하는 것뿐이다.

병실 침대에 커튼을 쳐 놓고 하루 종일 웅크린 채 유튜브 속 사람들을 따라다녔다. 발병 초기, 내 고통의 원인을 추궁하며 가장 먼저 끊어 냈던 해로운 인간들을. 씻지 않아 눈곱이 덕지덕지 낀 얼굴에 화장을 하고, 언제 빨았는지 모를 옷을 입고 엉킨 가발을 뒤집어쓴 채 셀카봉과 휴대폰을 챙겨서 외출하는 각설이들. 아무 곳에서나 노래를 부르고, 술을 마시고, 오줌을 싸고, 섹스를 하고, 잠을 자는 부랑자들. 화면 너머의 '큰손'들을 기다리며 누가 누가 기행을 더 잘하나 식용유를 몸에 붓고 인분을 먹으며 구걸하는 한량들. 결국 나는 다

복길

시 그 '물질들'을 찾았다. 애착 같은 건 조금도 없었다. 그들을 보아야만 한 달 넘게 샤워하지 못해 생긴 쿰쿰한 병의 냄새가 좀 덜 나는 것 같았다.

유독한 물질들

유튜버 카광은 그 물질들 속에 잠입해 그들을 흉내 내고, 또한 그 속에서 자신의 '물질됨'을 찾아 세상에 그 과정을 전부 내보이는 수상쩍은 인물이다. 한국 온라인 커뮤니티와 인터넷 방송 문화 전반에 악명으로 연루된 사람. 구독자는 40만 명, 팬덤은 충직하고 허수가 없다. 어떤 블로거는 그렇게 말했다. 카광이야말로 시대정신이라고.

　　인셀, 한남, 한녀, 페미, 트랜스젠더, 일베충, 빠순이, 박카스 아줌마, 장애인의 탈을 겁도 없이 번갈아 끼는 사람. 트랜스젠더 업소에서 엑셀 방송(실시간 후원 현황을 엑셀 문서처럼 정리해 공개하는 방송)을 하지만, 용주골을 찾아가 허가받지 않은 촬영을 하는 사람. LGBT를 혐오한다고 말하지만 여장을 하고 동성애 혐오 집회 한가운데에서 대거리를 하다 트월킹을 추는 사람. 엄마가 네 명이라 '니애미'란 말을 들어도 타격이 없다고 말하고, 구독자를 향해 "여러분들은 공부를 하셔서 저처럼 여장하는 불상사가 없도록 하십시오."라고 충고하는 사람. 나무위키 '논란' 항목이 엄청나게 길지만 그보다 훨씬 정밀하게 분석하는 것이 가능할(어쩌면 더 악한 존재로) 다음 세대의 코미디언.

그런 카광이 2021년부터 제작하고 있는 「나락의 삶」 시리즈는 다른 콘텐츠에 비해 그의 유머가 좀 더 쉽게 읽히는 작업이다. 이 시리즈에 출연하는 사람들은 대강 이렇다. 바퀴벌레 수백 마리가 득실대는 집에서 살고 있는 동성애자, 코인으로 전 재산을 탕진한 남성, '홍대 지뢰계'로 불리는 가출 청소년, 고아원에 아이를 맡긴 젊은 부부, 더 이상 일감을 찾을 수 없는 은퇴한 에로배우, '디씨인사이드 우울갤', '트위터 병신계'를 대표하는 네임드 유저. 뉴스 사회면의 헤드라인을 실제로 자기 삶의 라벨로 갖고 있는 사람들.

카광은 전국을 누비며 본인을 '나락'이라 자처하는 삶들을 만난다. 출연자들은 카광의 질문에 따라 자신을 설명하는데, 그들은 공통적으로 자신이 현재 나락에 있다고 말하면서도 '괜찮은' 사람으로 보이고 싶은 태도를 드러낸다. 이때 카광은 평범한 질문과 심연을 건드리는 질문을 건조하게 뒤섞어 인터뷰이의 이중적인 태도를 파고든다. "그래서 니가 나락에 있다는 거야, 나름 행복하다는 거야?" 「나락의 삶」 출연자들은 촬영 내내 카광과 이 질문을 두고 밀고 당기기를 한다. 댓글들이 쌓인다. '부모님, 이런 쓰레기 같은 삶을 살지 않게 해 주셔서 감사합니다.' '내 세금이 이런 인간들 복지비로 들어가다니 소름 돋는다.' '딱 봐도 아프신 분 같은데 꼭 저렇게 대해야 하나?'

영상에 달린 댓글들은 재미없다. 카광도 반응하지 않는다. 그는 자기 자신과 「나락의 삶」 주인공, 그리고 이 댓글을 보고 있는 사람들을 모두 상대한다. 「나락의 삶」은 「러브하우스」나 「세상에 이런 일이」와 같은 1990년대 휴머니즘 예능과 오은영 박사의 카운셀링 예능(「금쪽같은 내새끼」, 「결혼지옥」) 등을 인용하지만, 동시에 그 쇼의 핵심이라 할 수 있는 '진단과 해결'이라는 구성은 의도적으로 축소해서 그 형식에 대한 저항을 드러낸다.

모든 질문을 마친 카광은 슬그머니 출연자의 곁으로 자리를 옮긴다. 그는 쓰레기집을 청소하는 대신 함께 디퓨저를 쇼핑하고, 상담을 권하는 대신 코인노래방에 가서 같이 노래를 부른다. 그리고 그를 자신의 라이브 방송에 초대해 후원금 5000원에 소주 한 잔을 원샷하는 '간팔이' 미션을 함께한다. 인터뷰 내내 반복되는 '나락에서 행복할 수 있느냐'라는 변증법적 질문도 사라진다. 마치 저주 같은 유머. 스스로를 과장하지도, 동정하지도 말고, 오로지 '나'라는 진실을 직시하라는 절망의 사도처럼.

나락에서도 웃을 수 있다면

카광의 유머는 아무리 깊게 파고들어도 정치적 올바름에 부합하지 않는 레이어들이 잔해처럼 널려 있다. 하지만 어느덧 나는 카광처럼 누군가를 경멸하는 농담에 편안함을 느끼고, 학대와 소외의 경험으로 훼손된 자아를 드러내는 유머에 익숙해졌다. 정치적 올바름과 혐오 두 선택지밖에 없는 현실에서의 좌절로 탄생한 그의 유머는 양극단을 모두 자극하는 농담을 통해 좌절을 극복하고 있기에 언제나 포화를 맞는다.

만약 유머가 자신의 고통과 타협하지 않기 위한 싸

움의 한 방식이라면, 절망은 그것을 터득하기에 가장 좋은 조건일 것이다. 카광의 유머는 웃음을 촉발해 좌절을 무마하려 들지 않는다는 점에서 이반자하의 생존자 유머와 유사하다. 둘은 '세상에 무서울 것이 없다'는 식의 농담을 반복하지만, 정작 그들의 유머에서 중요한 것은 그 뒤에서 이쪽을 노려보고 있는 좌절과 분노다. 나는 절망 속에서 세상이 무서워질 때마다 그들을 봤다.

한국 코미디언들은 진지함이 요구되는 자리에서 꼭 '누군가를 웃길 수 있다는 게 이렇게 행복한 일인 줄 몰랐다'는 말을 한다. 진부하고 상투적이다. 하지만 내가 준비한 농담에 누군가 웃어 준다는 것만큼 확실하고 즉각적인 보상도 없다. '녹화 중 자신의 농담이 통한 날에는 늦게까지 잠을 이루지 못한다'는 장도연의 말처럼. 웃기다는 칭찬에 취해 겁도 없이 많은 글을 써서 내놨다. 유머는 점점 잃어 가는데, 지면은 점점 넓어진다. 시사, 영화, 방송, 음악 그리고 인생. 정신을 차려 보니 세상 모든 것에 말을 올리고 있다. 사람들이 내게 왜 웃기다는 말을 했더라? 그 이유를 안다 해도 아픈 몸이 나를 그때로 돌려보내 줄까? 오래된 DM을 뒤적거리다가 관뒀다. 지금 내게 필요한 건 맑았던 농담과 철없던 글을 회복하는 게 아니라, 진창에 빠진 유머와 글쓰기를 성장시키는 것이다.

제발 글을 끝내라는 편집자님의 애원에 따라 새해 목표를 적어 본다. 누구의 눈치도 보지 않고 미친 애처럼 농담하기, 두 가지 선택지가 주어진다면 3번, 4번 문항 만들기, 내 농담이 틀렸다는 걸 알아도 뻔뻔하게 밀고 나가기, 농담의 실패 원인을 질병으로 돌리지 않기, 수많은 농담을 만들더라도 결코 나의 진실을 잃지 않기.「나락의 삶」에 출연하기, 다시는 이렇게 유치한 다짐으로 글을 끝내지 않기…….

강간 농담
성공하기

안담

안담 　　은평구의 개 산책자. 주로 글을 쓰고 드물게 공연을 한다. 울어야 할 때는 웃음을 터뜨리고 웃어야 할 때는 울어 버리는 사람들에게 소속감을 느낀다. '무늬글방'을 운영하며 글 쓰는 사람들을 연결하고 있다. 『친구의 표정』, 『소녀는 따로 자란다』, 『엄살원』(공저)를 썼다.

새로운 [유머]를 설계하는 창작자의 노트

"잠시 끔찍하게 아프지만,
금방 괜찮아지는 일. 나중에 생각하면
심지어 좀 우습기도 한 일. 강간을
한없이 무겁게 다루어도
강간이 도저히 사라지지 않는다면,
반대로 강간을 레고 블록과 비슷한 무게까지
가볍게 만들어 보는 것은 어떨까?"

관찰

공연의 한 장면에서 시작하고 싶다. 지금으로부터 약 1년 전인 2023년 12월, 나는 「2023 코미디캠프: 관찰」 이라는 공연을 하고 있었다. '관찰'은 이 공연의 기획자인 김진아 연출이 무대에서 1인 코미디를 선보일 네 사람에게 제시한 그해의 주제어였다. 2020년의 주제어 '틈', 2022년의 주제어 '어린시절', 2023년의 주제어 '파워게임'과 마찬가지로 코미디와 깊은 관련을 가지고 있는 단어였다. 그 관련을 각자의 방식으로 해석하는 게 나를 포함한 퍼포머들의 과제였다. 아래 장면은 내가 쓴 대본의 중반부다.

만약에 제가 관객을 이렇게까지 심혈을 기울여서 파악하지 않아도 된다고 하면 꼭 해 보고 싶은 농담이 있습니다. 아니면 관객을 파악하는 능력을 잘 키워서, 지금보다 선을 좀 더 잘 타게 되면 꼭 성공시키고 싶은 농담이 있어요. 그 농담은 이렇게 시작해요.

제가 열여섯에 강간을 당했어요.
그게 트라우마로 남아서 아직도 악몽을 꾸는데요.
어제 꿈에도 그 사람이 나타났어요.
정말 끔찍한 악몽이었어요.

그 악마 같은 새끼가 지스팟만 피해서 찌르더라고요.

(사람들을 관찰한다.)

관객에게 말해지지 않는 마지막 문장, 그러니까 '사람들을 관찰한다.'라는 지문에 공연의 핵심이 있었다. 음성 언어 대신 깨끗한 시선 처리와 침묵을 통해 표현하는 4초 정도의 '관찰' 타임. 아무도 웃지 못할 것이 명백한, 아무도 웃지 않도록 사전에 계산한, 망한 농담

안담

의 구다리. 방송사고에 가까운 순간을 일부러 재현하고
서, 나는 그 4초 동안 사람들의 충격, 불쾌감, 당황, 걱
정, 연민, 원망 등이 담긴 표정을 유심히 살폈다.

　그 장면을 통해 내가 극적으로 표현하려던 코미디
와 관찰의 관계는 그런 거였다. 농담은 다른 이야기 형
식보다 유연하고 조바심이 많으며, 웃음이라는 결과에
의존적이다. 농담꾼은 반응을 관찰한 결과를 바탕으로
그 자리에서 이야기를 시정하고 협상한다. 방금 누구
도 즐겁지 않았음을 잘 확인하고서, 나는 '이런 어린 시
절의 트라우마를 극복하고 완성한 새 책을 구매해 달라'
고 너스레를 떨며 분위기를 전환했다.

　당연히 한 번에 녹일 수 있는 분위기는 아니었다.
충분한 설명과 위로의 시간이 필요했다. 나는 농담이라
는 양식의 구조를 설명하고, 연말에 코미디 공연을 보
러 와서까지 "여성 예술가의 자기 학대쇼"를 보아야 하
는 관객들의 고충을 위로하고, 강간 농담에 웃지 못하
는 관객들의 심정과 사정을 여러 방향으로 추측해 보
고, 당시 방영하던 「고려거란전쟁」 이야기를 실감나게
전달했다. 그리고 관객들이 어렵사리 다시 웃게 되었을
때 다른 강간 농담을 던졌다.

내가 연출과 공유한 공연의 목표는 확실했다. 강간 농담에 성공하기. 성공의 의미도 명확했다. 그런 농담을 던지는 행위가 공연자인 나에게 어떤 깨달음과 해방을 주든 간에, 관객을 웃기지 못하면 실패였다. 지극히 개인적으로나 의미가 있을 '승화' 체험 현장에 타인을 초대하는 이기적인 공연자가 되고 싶지는 않았다. '생존자'에게 보내지는 응원이나 연민의 박수, 또는 고발의 말에 따라오는 통쾌함의 박수도 피하고 싶었다. 다만 여느 때처럼 내게 일어난 일을 우습게 말하고 좋은 시간을 보내고 싶었다. 인간에게 일어나는 나쁜 일들이야말로 좋은 농담이 되곤 한다면, 강간도 그럴 수 있는지 알고 싶었다. 강간이 특별히 우습다고 생각했다기보다는, 왜 강간이 특별히 우습지 않은지가 궁금했다.

결과적으로 그 공연에서 강간 농담은 크게는 세 번, 좀 더 잘게 분절한다면 네 번 등장했다. 뒤로 갈수록 더 웃을 수 있도록 설계했고, 다행히 대부분의 회차에서 관객은 내 기획에 응답해 주었다. 웃지 못하거나 불쾌해한 사람도 물론 있었지만, 그런 경우에도 내가 전달하려고 노력했던 문제의식을 따라오길 포기한 사람은 없었다. 공연 뒤풀이를 마치고 헤어지면서 연출과 나는 포옹과 함께 이런 대화를 나눌 수 있었다. 강간 농담 성공하고 싶다더니, 정말 성공했어! 해냈어! 여기까지 읽으면 그렇게 재밌게 들리지 않는데, 대체 어떻게 성공했다는 건지 의심스러운 사람들도 분명 있을 것이다. 그런 사람들과는 부디 다음 공연에서 만나기를 기약하면서, 공연으로부터 1년이 지난 지금은 그 성공이 어떻게 가능했는가보다 성공 이전에 어떤 실패들이 있었는지를 복기해 보고 싶다.

첫 번째 실패

강간으로 농담을 하고 싶단 욕망을 작년에 처음 가져본 것은 아니다. 그것은 내가 10대 때부터 간직해 온 기묘한 열정이다. 19살 무렵, 어느 글쓰기 수업에서의 일이다. 그날 나는 (기억할 수 있는 선에서는) 처음으로 강간 농담을 시도하고 장렬히 실패했다. 수업에는 선생님을 포함해 세 사람밖에 없었다. 읽고 피드백을 나눌 글은 내 글 하나뿐이었다. 당시 내가 쓰는 모든 글에는 빠짐없이 섹스 얘기가 나왔고, 그 글도 예외는 아니었다. 선생님은 평소와 달리 피드백을 짧게 마치더니, 그윽하고도 단호한, 따스하지만 흔들림이 없는 눈으로 나를 보며 물었다.

그런데 담은 왜 섹스 얘기만 해?

나는 그의 질문에 거의 반사적으로 대답했다. 그러나 질문과 답 사이의 그 짧은 공백 동안, 나는 나를 빠져나가 저 먼 우주의 여러 구석을 헤매다 자리로 돌아왔다. 잘못한 사람의 머릿속, 또는 진솔하게 대답하기보다 재치있게 대답하길 원하는 사람의 머릿속에서는 그런 일이 자주 일어난다. 내가 뱉은 답은 이랬다.

글쎄요, 아마도 어릴 때 강간을 당해서겠죠?

여러모로 좋은 대답은 아니었다. 솔직하지 못하다는 점에서 그랬고, 섹스와 강간이 동일한 개념이 아니므로 핀트가 다소 엇나갔다는 점에서 그랬으며, 공격적이라는 점에서 그랬다. 선생님과 동료의 반응은 잘 기억나지 않지만 웃지 않았던 것만은 확실하다.

무엇보다 농담으로서 그 대사가 아쉬운 이유는 실

제로는 아무도 감히 웃을 수 없기를 바라는 마음으로 만든 말이기 때문일 것이다. 그 자신의 고통을 가지고도 무려 농담을 할 수 있을 정도로 나의 통제력이 강하다는 사실을 과시하면서, 동시에 발화자의 위악적인 태도와 그가 선택한 자극적인 어휘를 난감해하는 타인의 무력함을 비웃고 싶은 마음. 나는 나와 강간을 연결시킴으로써 나는 미소 짓고 사람들은 침묵하길 바랐다. 말하자면 내 첫 번째 농담에서 강간을 무겁고, 진지하며, 민감한 소재로 생각했던 건 나였다. 나는 결코 우스워지지 않기 위한 방법으로 농담을 택했고, 그 동기는 이랬다. 내게는 힘을 준다. 타인으로부터는 힘을 빼앗는다.

이 민망한 실패는 나를 적잖이 놀래켰다. 내 안에 그토록 강하게 힘을 갈망하는 마음이 있는지 전에는 전혀 알지 못했던 것이다. 이전에도 나는 어디서건 농담꾼을 자처하는 편이었다. 몸까지 잘 쓰진 못했기 때문에 광대라고까지 하기는 좀 애매해도, 말과 말 사이를 파고들어 대화를 환기하고 웃을 구멍을 만들어 내는 공간 창출 능력은 꽤 쓸 만했다. 그런 기술은 어느 집단에서든 유용하게 쓰였다. 신입을 부드럽게 안내하기 좋았고, 쓴소리를 주고받는 사이의 긴장을 풀어 주었으며, 구성원 간 유대를 빠르게 다지는 데 도움이 되었다. 그러니까 나는 내가 농담을 좋은 일에 쓰고 있다고 생각했다.

그러나 그날 나는 분명하게 누군가에게 상처를 주고 싶어했다. 내가 상처받았다는 이유로. 폭력을 경험하고 고통스러운 시간을 보낸 사람이라고 해서, 자동으로 폭력을 의심하고 경계하며 성찰하는 방향으로만 감각이 발달하게 되는 건 아니었다. 오히려 타인에게 가학적으로 굴 기회를 노려 주체성을 회복하려는 위험한 인간이 될 가능성도 충분했다. 내가 그 농담을 통해 잠깐이나마 어떤 지배력을 만끽하려고 했던 것처럼.

이후로 나는 웃음을 탐구하는 사람은 사실은 힘의 문제를 탐구하는 게 아닐까 생각하게 되었다. 내 느슨한 도식은 이랬다. 힘을 너무 많이 가진 사람은 폭력적이 된다. 힘을 너무 적게 가진 사람은 슬퍼진다. 두 경우가 모두 비극이다. 그 사이 어드메에 희극이, 웃음이 있다. 다음번엔 꼭 웃기고 싶었다.

두 번째 실패

지난해 코미디 공연을 준비하면서, 나는 10년 전의 첫 번째 실패를 떠올렸다. 내가 미처 인지하지 못했던 미움이나 폭력성을 발견하고 조절하는 작업을 똑같이 거쳐야 했기 때문이다. 열아홉의 내가 감히 웃는 사람들을 미워했다면, 서른 살의 나는 감히 웃지 못하는 사람들을 미워하고 있었다. 결과적으로는 폐기되거나 수정되었던 농담들에 그런 흔적이 여실히 남아 있다. 아래의 두 농담은 모두 공연에는 올라가지 않은 농담들이다.

저는 첫 경험을 열아홉에 했습니다. 좀 늦었나요?
그 전까지는 주로 강간을 당했어요.
경력 있는 신입? 예수를 낳으신 동정녀 마리아?
제가 뭐 그런 겁니다.

동료 시민으로서 10대 여성이 강간당한 얘기를 하는데 웃을 수는 없지. 지금은 웃지 말고 가만히 있다가 딸은 집에 가서 치자 이런 분도 있을 거예요. 교복 취향이신 분들의 상상에 좀 도움을 드리자면 저희 학교

하복은 남색 세라복이었습니다.

(웃지 않는 이유를 이렇게 저렇게 추측해 본 후에 관객을 연기하며) 어떡해…… 어린 나이에 성폭행을 당해서…… 그런 거 아니야? 강간 당해서 영혼이 망가지고 존재가 파괴?된 거 아니야? ……그러지 않고서야……

나는 오랜 시간 성폭행에 노출된 경험이 있는 사람, 그 이후에 그 경험과 유관한 슬픔도, 무관한 슬픔도, 지극한 기쁨도 모두 가져 보며 괜찮게 살아온 사람으로서 동의할 수 없었던 많은 말들을 생각하며 농담을 썼다. 어떤 이는 내가 괜찮을 수 있음을 믿지 않았다. 큰 충격으로 스스로 인지하지 못하고 있을 뿐, 이렇게 덤덤하게 말을 할 수 있다는 것 자체가 트라우마 반응에 해당한다고 말했다. 어떤 이는 그 경험과 나를 분리해서 생각하는 법을 모르는 것 같았다. 실은 그 경험이 내 정신과 몸에 지울 수 없는 표식을 남겼기를 은근히 기대하는 변태적인 시선도 있었고, 진실한 사랑에서 비롯된 섹스가 얼마나 좋은지 모르게 된 나를 연민하는 시선도 있었다.(아마도 내 취향이 좀 '비정상'적이라고 느꼈던 모양이다.) 어떤 이는 내가 괜찮다고 말한다는 사실에 분노했다. 비슷한 경험으로 고통받고 있을 다른 피해자를 배신하는 태도로 분류했을 것이다.

그 말들은 어느 정도는 사실이었을지도 모른다. 모든 경험은 미미하게든 결정적으로든 사람에게 영향을 끼친다. 그러니 내 영혼의 일부는 성폭행을 소화하는 과정에서 만들어지기도 했을 것이다. 또 강간이 사람을 비가역적으로 훼손하는 무시무시한 범죄가 아니라면, 가뜩이나 여성혐오 범죄가 많은 나라에서 가해자 처벌과 피해자 회복을 위해 노력할 사람이 적어질지도 모른다.

그런데 정말 그런가? 나는 궁금했다. 내게 성폭행보다 더 긴 시간에 걸쳐 타격을 준 건 성폭행의 영향력을 단정 짓는 말들이었다. 성차별주의자든 페미니스트든 비슷한 전제를 공유했다. 강간 이후의 삶이 예상 가능하고 단순한 방식으로 망가졌을 거라는 전제. 그건 사실이 아니었다. 다른 모든 이에게 그렇듯, 내게도 삶은 변칙적이고 불가해하며 입체적이었다. 강간은 섹스가 아니라지만, 나의 경우 어찌 됐든 성기 부근에서 일어난 일들을 세세히 구분 짓는 게 귀찮았던지 성폭행에 노출되었던 시기에 자위를 시작했다. 그 사람이 나오는 악몽을 꿀 때가 물론 있었지만, 한낱 꿈은 가난의 문제나 관계의 문제에 비하면 현실에서 발휘하는 영향력이 비교할 수도 없이 작았다.

또 이런 가능성을 고려하고 싶었다. 가해자들이 폭력이 별일이 아니어서가 아니라 반대로 너무나 별일이어서 힘을 행사할 가능성. 말하자면 이것이 무시무시하고 끔찍한 일이기를, 자신이 타인에게 그 정도로 유의미하기를 기대하면서 폭력을 행할 가능성. 그렇다면 나는 그들의 욕심을 채워 주고 싶은 생각이 없었다. 나는 진실로 강간이 가벼운 일이기를 바랐다. 가벼우니 더 많이 일어나도 상관없다는 의미가 아니다. 아무리 주의를 기울여도 결국 누군가는 성폭행을 당한다면, 그가 그 일을 레고 블록을 밟는 일 정도로 다룰 수 있는 힘을 가질 수 있길 바란다는 의미다. 잠시 끔찍하게 아프지만, 금방 괜찮아지는 일. 나중에 생각하면 심지어 좀 우습기도 한 일. 강간을 한없이 무겁게 다루어도 강간이 도저히 사라지지 않는다면, 반대로 강간을 레고 블록과 비슷한 무게까지 가볍게 만들어 보는 것은 어떨까? 물론 이것은 위험하고 결함 많은 아이디어다. 법과 제도가 아니라 예술 속에서만 실험해 볼 수 있는 아이디어다. 그렇다면 수많은 예술 중에서도, 만사를 '가볍게' 만든다는 혐의를 받곤 하는 농담의 양식만큼 성폭행을 다루기에 적절한 도구는 없다는 게 내 생각이다.

믿어 주지 않으면 사라지는

나는 17년 차 스탠드업 코미디언 에이프릴 메이시의 이런 농담에서 나와 아주 비슷한 욕망을 발견한다.

> 난 아주 어릴 때 섹스를 했어
> 얼마나 어렸느냐면
> 섹스 하고 나서
> 「프래글 록」을 봤어

「프래글 록」은 세서미 스트릿이라는 전설적인 쇼를 만들었던 짐 헨슨의 또다른 인형극 프로그램이다. 「짱구」 정도에 비교하면 이 농담의 고약한 면모가 잘 드러날 것 같다. 아동 성폭행의 가능성을 암시하는 이 농담이 시전되자마자 객석 곳곳에서는 비동의의 탄식과 한숨이 터진다. 에이프릴 메이시는 그런 반응을 마주한 후에 일차원적으로 우스꽝스러운 소리를 냈다가, 섹스야말로 인류의 제일 가는 공통점인데 왜들 그러시냐며 너스레를 떨기도 한다. 수습이 아주 수월해 보이지는 않았다.

　물론 농담이 실패하는 이유에는 아주 여러 가지가 있다. 퍼포머와 관객 사이에 신뢰와 친근감이 충분하지 않았을 수도 있고, 타이밍이나 호흡이 어색했을 수도 있고, 퍼포머의 젠더, 머리길이, 표정, 억양, 인종, 국적 등이 그 농담과 궁합이 좋지 않았을 수도 있다. 더 단순하게는 좋은 농담이 아니었을 수도 있다. 그럼에도 나는 사람들이 웃지 않음을 아쉬워하는 그의 모습에서 어떤 동질감을 느꼈다. 당신은 분명 괜찮지 않다고 말하는 사람 앞에서 나도 비슷하게 어색한 표정을 지었을 테니까.

　그러니까 에이프릴 메이시도 나도 다소간 인정해야 할지도 모른다. 성폭행을 가볍게 만드는 일은 퍼포머 혼자서 할 수 있는 일은 아니다. 관객은 내가 불쾌하고 비윤리적인 인간이라고 생각해서 웃지 않았을 수도 있지만, 그저 내가 괜찮은지가 진심으로 걱정되었을 수도 있다. 내게 힘이 있다고 말하는 것으로는 충분치 않고, 그 힘을 설득시키는 것까지가 퍼포머의 몫이다. 타인의 믿음이 없이는 나의 힘도 없다. 내가 폐기한 농담들에는 모두 어떤 원망이 담겨 있었다. 왜 나를 믿어 주지 않냐는 원망. 너를 걱정하는 사람까지 조롱하는 건 도움이 되지 않을 수 있겠다는 연출의 말에, 나는 웃지 않는 관객의 마음을 추측하는 대목을 다음과 같이 수정했다.

아니면 뭐 그런 걸까요? 제가 정말로 강간 피해 당사자인지 아닌지 파악이 되기 전까지는 반응을 결정할 수 없는, 그전까지는 웃는 상태와 웃지 않는 상태에 동시에 놓여져 있는 슈뢰딩거의 관객 상태라거나? 그게 아니면 어찌됐든 강간으로는 절대 농담하면 안 되지! 그렇게 마음을 닫아 버리셨다거나? 아니면 저를 너무 걱정하게 되어 버리셨고 그 마음을 돌이키기가 어려우시다거나……? 경우의 수가 많겠죠.

실제로 이 대목은 웃음을 노린 게 아님에도 현장

에서 의외로 좋은 반응을 이끌어 냈다. 공연 말미에, 나는 믿어 주지 않으면 사라지는 입장에 놓인 팅커벨을 퍼포머의 입장에 비유하며 관객에게 물었다. 저를 믿으시나요? 내가 그렇게 물었을 때 천천히 고개를 끄덕여 주던 관객들을 생각한다. 그 관객들 사이에서 종종 나는 어떤 얼굴들을 보았다. 가장 크게는 아니지만 가장 정확하게 웃던 사람들. 주로 입을 가리며 킬킬 웃는 방식으로 공연을 즐기곤 강간 농담이 제일 좋았다는 인사를 남기고 갔던 사람들. 나와 비슷한 이유로 힘을 탐구하게 되었음이 분명한 사람들. 만약 그들의 코미디도 볼 수 있다면, 나는 그들에게 꼭 말해 줄 것이다. 나는 믿어요. 당신에게는 힘이 있지요?

안담

보고서:
루소와 밀레의
우정

김영욱

김영욱　　서울대 불어불문학과 부교수. 장자크 루소를 중심으로 18세기 프랑스 문학과 철학을 연구한다. 루소의 『사회계약론』, 스타로뱅스키의 『멜랑콜리 치료의 역사』를 옮겼다. 읻다의 서평지 『교차』의 기획위원, 후마니타스의 '정치+철학' 총서의 기획위원이다.

집단지성과 연구자 사이에서 발생하는 [유머] 보고서

"김영욱님은 386인생 카페의
386새식구로 가입되셨습니다.
우리는 영원히 찾아 나서지 않을 수 없네.
우리의 마지막 종착역이
우리가 출발한 바로 그곳이라는 걸
미리 알고 있었다 해도..."

이제 보고할 유머는 일반적 범주 바깥에 있다. 이 유머는 집단지성의 한 유형으로서 말하자면 집단유머다. 그런데 화자들은 웃기려는 의도를 품지 않고 청자들은 좀처럼 웃지 않는다. 이 유머를 이해하려면 약간의 지식이 필요하다는 점에서 이것을 유머로 소개하는 행위는 엘리트주의라는 비난을 감수해야 한다. 하지만 여기서 요구되는 지식은 너무 시시하므로 본래 웃음이란 진리의 폭로일 뿐이라고 항변한다면 그것이 웃음거리가 될 것이다. 내 변명은 내가 이 유머를 웃어넘기지 않았다는 것이다. 나는 비웃기도 했지만 거듭 조사했다. 진지함은 없기도 했고, 있기도 했다. 그 결과 한편으로 나 자신이 수행적 유머를 실행했다. 다른 결과로 얼굴 모르는 사람들의 삶이, 내가 사는 사회가 조금 더 궁금했다.

조사 1: 불가능한 우정

어느 평온한 일요일 아침, 『사회계약론』과 『에밀』의
저자가 『만종』의 화가와 아름다운 우정을 나누었다는
사실을 우연히 알게 된 루소 연구자는 혼란에 빠졌다.
2014년 3월 《계룡일보》에 실린 박천규 씨의 칼럼이다.

> 『만종』으로 유명한 화가 밀레에게는 특별한 친구인
> 『에밀』을 쓴 자연철학자 루소가 있었습니다. 젊은 시
> 절 끼니를 걱정할 만큼 가난했던 밀레는 싸구려 누
> 드를 그려 연명하는 처지였습니다. (……) 하루는 루
> 소가 밝은 표정으로 밀레의 작업실을 찾아갔습니다.
> "여보게, 드디어 자네 그림을 사겠다는 사람이 나타
> 났네. 그림값으로 무려 300프랑이나 받았다네." 덕
> 분에 밀레는 생활고를 잊고 창작에 몰두할 수 있었습
> 니다. 그로부터 몇 년이 지난 후, 유명 화가가 되어 친
> 구 루소의 집을 찾았던 밀레는 그만 깜짝 놀랐습니
> 다. 루소의 방에는 팔았던 자신의 그림이 걸려 있었

김영욱

던 것입니다.[1]

어처구니없는 혼동이다. 1778년 사망한 철학자와 1814년 출생한 화가가 시대착오적 우정을 나누었을 리 없다. 실제 밀레의 친구는 장자크 루소(Jean-Jacques Rousseau, 1712~1778년)가 아니라, 19세기 화가 테오도르 루소(Théodore Rousseau, 1812~1867년)다. 누군가 성만 보고 착각한 것이다. 착각은 개인적인 것으로 남지 않았다. 인터넷과 지면을 검색하면 수많은 곳에서 오류를 발견할 수 있다. 열거하기가 불가능하다.

사람들은 이야기를 변주한다. 보통은 방금처럼 루소를 『에밀』의 저자로 지칭하지만, 때로는 원불교문인협회 회장 김덕권 씨처럼 루소가 『사회계약론』의 저자임을 강조한다.[2] 그렇다면 정치적 의미가 뒤따른다. 2020년 블로그 '썬파워의 교육사랑'은 같은 이야기를 옮겨 두고서 덧붙인다. "진정한 친구는 내가 어려움에

[1] 박천규, 「'봄비 같은 우정' 이야기 둘과 시 하나」, 《계룡일보》, 2014년 3월 7일.
[2] 김덕권, 「'만종' 밀레와 '사회계약론' 루소의 우정」, 《아시아엔》, 2021년 12월 25일.

부닥쳤을 때 묵묵히 곁을 지켜주는 존재입니다. (……)
추 법무장관과 윤석열 검찰총장이 어긋나지 않고 같은
곳을 바라보았다면 우리나라가 좀 더 정치, 경제적으
로 지금보다 안정되고 나아지지 않았을까 생각해 봅니
다."[3] 물론 추미애와 윤석열이 루소와 밀레의 우정을
알았다면 오늘날과 같은 파국은 피할 수 있었을 것이다.

바로잡으려는 노력이 없지 않았다. 예를 들어 임철
순 씨는 인터넷에 떠도는 대표적 허위 여덟 개 중 하나
로 루소와 밀레의 우정을 꼽는다.[4] "가짜가 난무합니
다. 낭설, 날조, 사실을 왜곡한 글이 갖가지 경로로 유포
되고 있습니다. 어떤 사람들이 왜 이런 걸 지어내는지
모르겠습니다." 나는 그만큼은 진리의 수호자가 아니
어서 분노보다 호기심을 느낀다. 낭설과 날조와 왜곡은
어디에서 시작했을까?

검색은 여러 경로로 처음 인용된 박천규 씨를 지목
한다. 그에 대한 상세한 자료로 2016년 리헌석 씨의 칼

[3] 썬파워, 「루소와 밀레의 우정」, 블로그 '썬파워의 교육사랑', 2020
년 12월 17일.
[4] 임철순, 「낭설과 날조와 왜곡」, 《자유칼럼그룹》, 2019년 11월 7일.
저자는 루소와 밀레의 우정 가설 외에도 이순신과 원균의 동네 친구 가설
등을 꼽고 있다.

럼 「소리를 잃은 방송인, 붓을 잡다」가 있다.[5] 그에 따르면 박천규 씨는 성공한 언론인이었으나 병마로 반신마비가 되고 만다. 무슨 운명의 장난인지 부부가 함께 그렇게 되었다. 그는 은퇴해야 했고 절망에 빠졌지만, 신앙의 힘으로 작가로 변신했다. 그는 어설픈 지적 허영을 가진 은퇴한 방송국 간부가 아니라, 질병을 극복하고 세상의 아름다움을 전파하는 작가였다. "독서를 통해 습득한 훌륭한 인물들의 일화, 그 간접 체험의 내면화도 선한 눈으로 세상을 바라보는 선생의 본심을 글로 빚은 것입니다." 2019년 9월 17일, 또 다른 충청권 언론 《목요저널》은 박천규 전 대전MBC 상무의 부음을 알렸다.[6]

　루소는 모든 사태에서 기원이 중요하며, 이때 기원은 사실보다 감정에 있다고 역설했다. 루소 연구자는 이 진실을 재차 확인하고 나서 고인의 명복을 빌며 조사를 그만둔다. 그런데 들뜬 머리를 식히러 유튜브에

[5]　리헌석, 「소리를 잃은 방송인, 붓을 잡다」, 《디트뉴스24》, 2016년 10월 31일.
[6]　목요언론인클럽, 「[부음] 박천규 전 대전MBC 상무 별세」, 《목요저널》, 2019년 9월 17일.

접속하니, 검색기록 때문인지 알고리즘이 동영상 「향기로운 삶_밀레와 루소의 우정」을 추천했다.[7] 등록일이 박천규 씨 전이다. 인공지능이 내 미진함을 고발했고, 조사를 연장하라고 다그쳤다. 예를 들어 이정원 씨는 2010년 블로그 '내 인생의 조각모음'에서 썼다. "밀레와 우정을 나눈 유명한 일화의 주인공은 루소다. 그런데 『에밀』의 장자크 루소가 아니라, 바르비종파 화가 테오도르 루소다. 어느 신문기사에서 장자크 루소로 잘못 소개했길래 기자에게 메일로 알려드렸더니, 매우 고마워하셨다. 기분이 좋다."[8] 오해는 오래전부터 있었고, 그때도 바로잡으려는 노력이 있었다. 어디까지 올라가야 할까.

시대를 초월한 우정에 대한 수많은 증언을 거쳐 내가 닿은 가장 먼 자료는 2000년 11월 인터넷카페 '386인생'에 푸우 씨가 쓴 「우정으로 산 그림」이다.[9] 기원

[7] 한국유엔봉사단, 「향기로운 삶_밀레와 루소의 우정」, 유튜브, 2012년 9월 12일.
[8] 이정원, 「밀레와 우정을 나눈 루소」, 블로그 '내 인생의 조각 모음', 2010년 11월 9일.
[9] 푸우, 「우정으로 산 그림」, 인터넷카페 '386인생', 2000년 11월 23일.

김영욱

은 더 멀리 있을 테지만 단순한 검색으로는 이곳이 한계였다. 나는 푸우 씨를 알기 위해 방치되고 있는 '386인생'에 회원가입을 신청했다. 그의 다른 글을 살펴보았다. 푸우 씨는 가끔 동사모라는 모임의 일일호프 광고를 올렸다. 이 모임은 노원구 장애인복지단체 동천의 집의 후원조직이며, 푸우 씨는 1999년부터 장애인복지 관련 봉사활동에 참여하고 있었다. 동천의 집 홈페이지를 뒤지다가, 그가 20년간의 봉사활동을 공로로 2019년 사회복지의 날에 서울특별시장상을 받았다는 사실을 보았다. 아름다운 일화를 공유하는 푸우 씨는 실제로 아름다운 사람이었다. 게다가 사진 속 푸우 씨는 실제로 푸우와 닮았다.

조사를 마무리한다. 기원을 밝혀내는 일은 실패했으나 수많은 인터넷 게시판을 방황하며 한 가지 사실을 알게 되었다. 한때 비주류 언론과 지금은 버려진 온라인 모임에서 중장년들이 모여 서로 미담을 나누고 격려하는 문화가 번성했다는 것이다. 한낱 연구자인 나는 이들이 어째서 그렇게 열심히 세상의 아름다움을 찾아 헤맨 것인지, 그리고 이들에게 인터넷 공간이 무엇이었는지 함부로 말할 수 없다. 루소와 밀레의 불가능한 우정에 기원이 있다면 이들이 품은 공감의 욕구일 것이다. '386인생'의 가입 환영 인사를 그대로 옮긴다. 이유야 어떻든 나도 40대 중반에 이곳을 찾았다.

김영욱님은 386인생 카페의 386새식구로 가입되셨습니다. / 우리는 영원히 찾아 나서지 않을 수 없네. 우리의 마지막 종착역이 우리가 출발한 바로 그곳이라는 걸 / 미리 알고 있었다 해도... / T.S. 엘리어트의 싯귀절 中 에서.. / 우리 30-40세대는 많은 사색을 해야 합니다. / 사색의 시간이 많으면 많을수록 철학이라는 바다의 나그네가 되어 버립니다. / 그 삶의, 사색의 발자취가 많이 남을수록 우리의 얼굴은 30-40세대의 품격이 배어날 것입니다. / 무엇인가 상대를 압도하는 품위와 무게. / 이 카페에서 우리들, 30-40세대의 생각과 사색을 나누고자 합니다.

조사 2: 우정의 진화

후속 연구의 갈증을 억누르며 마음공부를 많이 했다. 기다림은 헛되지 않았다. 즉 "인내는 쓰지만 그 열매는 달다." 그런데 이 격언의 출처가 장자크 루소라는 사실을 아는 사람은 얼마나 될까? 꽤 많다. 왜냐하면 어떤 세계에서는 이것이 상식이기 때문이다. 수많은 블로그, 게시판, 처세술 서적, 칼럼, 교육자료가 보증한다. 2016년 11월《천안신문》에 실린 김규남 씨의 칼럼「왜! 최선을 다하지 않는가?(Why not the Best?)」를 보자.

우리 주위에서 나름 성공한 이들의 살아온 교훈을 종합해 보면 각자의 인생은 최선을 다할 가치가 있다고 말하고 있다. "인내는 쓰다. 그러나 그 열매는 달다"라는 루소의 명언은 어려운 현실을 극복하는 자만이 아름다운 미래를 볼 수 있다는 말일 것이다.[10]

루소 연구자는 다시 혀를 차기 시작한다. 이러니 조사하지 않을 수 없다. 하지만 기원에 대한 두 번째 조사는 또 한 번 아름다운 일화의 문화를 발견하는 데서 그칠 것이다. 게다가 루소와 인내의 연관은 한국 사회의 발명이 아니라, 해외에서도 통용되는 관념이다. 예

[10] 김규남,「왜! 최선을 다하지 않는가?(Why not the Best?)」,《천안신문》, 2016년 11월 28일.

를 들어 "디지털 디톡스" 상품을 판매하는 크리스토퍼 키프 씨는 자신의 회사 블로그에서 야외 레저 활동이 가능한 계절이 올 때까지 루소의 격언을 되새기며 "행복한 부인"으로 만족하겠다고 말한다.[11] 알아보니 누군가가 보기에 이 격언의 저자는 아리스토텔레스이고, 다른 누군가에게는 페르시아 기원설이 유력하다. 그러니 어디에나 있었다고 생각하는 편이 나을 것 같다.

따라서 이번 조사에서는 출처보다 전용을 검토하는 것이 생산적이다. 우선 나는 어떤 언어권에서든 기독교가 이 격언을 적극적으로 활용한다는 사실을 주목했다. 이것은 아이러니한데, 루소는 자신을 "참된 기독교인"이라고 지칭하면서 교회와 사이가 꽤 나빴기 때문이다. 사정을 모르는 김고현 목사는 2022년 7월 《기독교한국신문》의 칼럼에서 루소의 인내와 기독교 도덕을 동일시한다.[12] 루소의 격언은 로마서 5장 4절("인내는 연단을, 연단은 소망을 이루는 줄 앎이로다.")과 상통한다는 것이다. 다음으로 이 격언은 사회적 성공과 직업윤

---

[11] Christopher Kipp, "Patience is bitter, but its fruit is sweet", 블로그 'Wilderness'.
[12] 김고현, 「인내는 쓰다」, 《기독교한국신문》, 2022년 7월 26일.

김영욱

리의 노하우로 규정된다. 적절한 사례로는 서울중앙지방법원 형사수석부장판사 임성근 씨가 2014년 5월 《법률저널》에 기고한 칼럼이 있다.[13] "법관은 남의 말을 듣는 것 자체가 직업인 사람이다. 그러나 남의 말을 듣는 것 자체가 상당한 인내심을 요구한다." 이어서 루소의 것으로 명시된 격언이 인용된다.

격언의 분야별 활용법을 고찰하던 중 나는 치명적 실수를 인지했다. 애초에 불가능한 루소와 밀레의 우정과 달리, 인내의 격언에 대해서 사실을 검증해야 했다. 기초 작업을 소홀히 하는 자에게 연구자로서 자격이 있을까? 그래서 찾아보았고, 찾았다. 루소의 1761년 서간체 소설 『신 엘로이즈』 1부 편지46에 이 문장이 엄연히 있다. "오, 다정한 님이여, 인내는 쓰지만 그 열매는 달콤해요!"[14] 이 문장이 루소의 창안이 아니라는 점은 분명하나, 그가 이 문장을 쓴 것은 사실이었다. 연구자는 사회 앞에서 겸손해야 한다.

반성하지만 할 말은 있다. 중요한 것은 귀속이 아니라 전용 방식이기 때문이다. 소설에서 이 격언의 발

[13] 임성근, 「듣기와 인내심」, 《법률저널》, 2014년 5월 16일.
[14] 장자크 루소, 서익원 옮김, 『신 엘로이즈 1』(한길사, 2008), 174쪽.

화자는 근엄한 목사도, 성숙한 현자도 아니다. 신분 격차를 무시하고 사랑에 빠진 평민 철학자 생프뢰와 귀족의 독실한 딸 쥘리는 밀회를 계획하나 쉽게 실현되지 않는다. 생프뢰는 연인의 뺨을 쓰다듬지 못해 안달이 나고, 더 침착한 쥘리는 다른 방도를 마련하려 애쓴다. 그러면서 쥘리는 욕망에 달아오른 연인에게 말한다. 조금만 참자고, 참으면 기쁨이 더 감미로울 것이라고. 순진한 젊은 여성이 억눌린 성적 욕망으로 고통받는 남성을 달래기 위해 인내의 격언을 활용한다. 우리 시대 성직자와 원로 들은 루소의 인내를 배우라고 말해서는 안 된다. 루소는 숭고한 격언을 불순하게 전용한다. 사랑의 열병에 빠진 젊은이들에게 인내의 결과는 정신적 성숙도, 사회적 성공도 아니다. "열매"는 억압된 욕망이 충족될 때의 더 큰 쾌락이고, 어르신들 앞에서 차마 베어 물 수 없는 품종이다. 게다가 인내심 없는 어리석은 젊은이들은 이미 그것을 충분히 섭취하고 있다.

이것이 두 번째 조사의 모든 성과는 아니다. 마지막으로 검토할 자료는 모든 연구가 어떻게 예기치 않은 결과에 이를 수 있는지, 각기 수행된 두 조사가 어떻게 종합될 수 있는지 예증한다는 점에서 더욱 가치 있다.

김영욱

2015년 7월《전남인터넷신문》의 김철중 기자가 송고한「예술을 접목 '국민정신 바로 세우기 캠페인' 펼친다」를 발견한 것은 순전한 우연이었다. 그는 문화마을협회가 무안승달문화예술회관에서 개최한 "제1회 국민정신 바로세우기 작품 기증전"을 보도한다.

이번 작품기증전은 (……) 미술품에 명언을 결부시킨 새로운 예술작품을 통해 국민 정서를 안정시키고 감성을 증폭시켜, 피폐된 정신문화를 치유하는 데 그 목적이 있다고 주최 측은 밝혔다. (……) 작품기증전에 선보이는 명언이 있는 예술작품이란, 다비드의 작품인 나폴레옹이 말 타는 그림 속에 "내 사전에 불가능은 없다"는 명언을 쓰거나 밀레의 작품 속에 "인내는 쓰다, 그러나 그 열매는 달다"라는 루소의 명언을 써넣는 형태이다. 이를 보는 사람들은 도전 정신, 지구력과 정신력 등을 키웠던 사례로 설명하고 있다.[15]

[15] 김철중, 「예술을 접목 '국민정신 바로 세우기 캠페인' 펼친다」,《전남인터넷신문》, 2015년 7월 23일.

텍스트와 이미지의 상호작용이라는 미학적 쟁점이 지방의 도덕적 개혁 운동으로 구현된 멋진 전시에서 다비드의 나폴레옹 그림에는 "내 사전에 불가능은 없다"가, 밀레의 그림에는 "인내는 쓰다, 그러나 그 열매는 달다"가 삽입된다. 도대체 왜? 우리는 그 이유를 안다. 이 격언의 저자인 루소가 밀레의 둘도 없는 친구이기 때문이다.

두 사회적 오인에 대해 나는 어떤 기원도 밝힐 수 없었지만, 최소한 새로운 오류의 발생을 목격했다. 끊임없는 관념의 연상과 결합은 집단지성을 지성으로 분석할 근거다.

하지만 이 조사의 실천적 의미에 대해서는 조금도 웃지 않는다. 불가능한 우정은 가능할 뿐만 아니라 진화한다. 루소와 밀레의 우정은 너무나 어려웠기에 훗날 아주 먼 나라에서 실현될 수 있었고, 그곳에서 계속 새로운 의미를 획득한다. 그리하여 우리에게 『만종』에서 고개를 숙인 가난한 농민들은 따뜻한 봄과 함께 맛볼 달콤한 과일을 꿈꾸게 되었다. 진심으로 농민을 사랑한 철학자와 화가였기에 서로를 잘 모르는 둘에게도 이 결론은 그리 나쁘지 않을 것이다.

김영욱

나는
나를 보고 웃지

김혜림

김혜림　　2020년 4월 '콜리그'라는 이름의 메일링 서비스를 론칭했고, 2021년 8월까지 비평공유플랫폼 콜리그의 운영진으로 활동했다. 잡지 《오큘로》와 《마테리알》에 투고했다. 『한국에서 박사하기』, 『대전은 왜 노잼도시가 되었나』 등을 편집했고 지금은 언론사 에디터로 일하고 있다.

나를 죽이거나 살리는 [유머]에 관한 고찰

"유머는 단순히 무언가를
흉내 내거나 공격하는 게 아니라
일종의 커뮤니케이션 방법이니까.
적대가 아닌 우정의 유머에는
다음 단계에 대한 상상력이 존재한다."

부캐의 시대다. 나도 하나 가져 보자 하고 '신포도'라는 이름을 만들었다. 영어로는 Sour Podo. 이름이 있다면 하는 일도 있어야 했다. 신포도가 2022년부터 2024년까지 2년간 아주 게으르게 운영했던 뉴스레터 '신포도의 하루 추천'이 그 짧고도 옅은 여정이었다.

신포도는 하루 한 개의 영화, 음악, 사진, 애플리케이션이나 들렀던 맛집의 메뉴 따위를 추천했다. 다만 추천의 글에서 지식, 객관적 틀은 최소화됐다. 이 음악이 어느 장르에 속하는지, 혹은 이 작가의 스타일과 성장 배경은 어떠한지 등등을 배제했다. 실제로 신포도는 토와 테이가 '시부야 일렉트로닉을 대표하는 주자'라는 것을 알지도 못했고, 읽은 뒤에도 이해하지 못했다.

신포도가 정보 탐색을 최소화한 이유는 크게 두 가지다.

하나. 귀찮았다. 뉴스레터가 기록한 최대 구독자는 30명 남짓이었다. 그나마도 신포도의 본캐가 회사에서 일을 하거나 글을 쓰며 만난 현실의 사람들이 대부분이었다.(신포도의 본캐는 술자리에 갈 때마다 뉴스레터 링크를 뿌렸다.) 30명 남짓의 사람들이 하루 1~2분을 읽는 가벼운 뉴스레터에서 세계의 지식들은 '굳이'의 영역이었다. 나무위키를 찾아서도 금방 나올 수 있는 한 줄이라는 것은 물론, 신포도 자신조차 확신하지 못하는 정보를 따르고 싶지 않았다.

둘. 재미가 없었다. 여기서 말하는 재미는 순수하게 말초적인 웃음을 뜻한다. 신포도는 자신의 뉴스레터가 '날것'의 정보이기를 바랐다. 너무 날것이라서 정보라고 이름 붙이기도 어려운 무언가이길. 이는 신포도의 본캐가 가진 일에서의 권태감과도 무관하지 않았다.

콘텐츠 업계의 직장인

신포도의 본캐는 콘텐츠 회사에서 글을 썼다. 누군가가

김혜림

"무슨 글을 쓰세요?"라고 물을 때 신포도의 본캐는 멋쩍게 대답했다. "아…… 그냥 논픽션 글을 써요." 그도 그럴 것이, 신포도의 본캐는 세상 만물에 대한 글들을 썼다. 신포도의 본캐가 쓰는 글은 때로는 MZ에 집착하는 대통령의 기이함을, 때로는 현대인에 만연한 콜 포비아(call phobia, 전화 공포증)에 대한 관점을, 때로는 사명을 갑작스레 바꾸고 우주 산업에 뛰어든 제약 회사의 선택을 분석하는 글을 작성했다.

　세상을 자신만의 관점으로 분석한다는 본업의 대명제는 흥미로웠으나, 논리적 구성을 짧은 시간 내 완성하기는 버거웠다. 신포도의 본캐는 정시 퇴근을 위해 자주 가짜 객관을 사용했다. 성장하는 비즈니스 트렌드를 다루면서 "해당 비즈니스는 120조 원 규모로 성장할 것"이라는 문장을 쓰는 식이다. 그는 사실 120조 원이 얼마인지 가늠조차 하지 못했다. 그래도 썼다. 그래야 독자들이 납득할 것이라 믿었기 때문이다. 이런 식의 예측들은 손쉽게 가져다 쓸 수 있는 트릭이다. 쓰는 사람은 자신의 주관, 내지는 관점을 '객관'이라고 포장하기 쉬웠고, 읽는 사람은 자신이 읽는 글이 '객관적'으로 쓰였다고 착각하기 좋다.

해리 프랭크퍼트는 『개소리에 대하여』에서 이렇게 썼다. "개소리를 피할 수 없는 상황이 있다. 자신이 말하는 것이 무엇인지 알지 못하는데도 말하기를 요구받는 경우가 그렇다."[1] 신포도는 오로지 자신이 아는 한도 내에서만 말하고 싶었다. 그 말인즉슨, 재미없는 개소리를 쓰고 싶지 않았다는 뜻이다.

대신 신포도가 택한 것은 세계의 지식과 엇나가는 자아의 순간이었다.

이를테면 내용은 이랬다. 이름만 들어도 기분이 이상해지는 조나 야노(Jonah Yano)의 노래를 뉴스레터에서 추천할 때 유일한 정보는 강아지가 그려진 앨범 커버와 'Portrait of Dog'라는 앨범 제목이었다. 신포도는 무의식중에 앨범의 제목과 커버 이미지를 트랙리스트와 연결하며 강아지를 떠올리기 시작했다. 추천 트랙인 「always」에서는 이런 가사가 흘러나왔다. The opposite of cat……

신포도는 당연히 강아지가 '고양이의 반대'라고 설명하는 줄 알았다. 최소한의 팩트 체크를 위해 애플뮤

---

[1] 해리 프랭크퍼트, 이윤 옮김, 『개소리에 대하여』(필로소픽, 2023), 66쪽.

김혜림

직의 가사 창을 열었는데, cat이라고 생각한 단어는 사실 care였다. '강아지는 고양이의 반대'라는 명확한 믿음이 깨졌다. 그 균열의 순간이 너무나도 웃기고 재미있어서 신포도는 직장인 친구와 ㅋ을 카톡방에 연발했다. 그 웃음소리 자체가 "The opposite of care"라는 멋들어진 표현보다 본질을 뾰족하게 겨냥한 느낌이었다.

이 우연한 경험은 신포도라는 부캐의 감각과도 맞아떨어졌다. 그 감각을 느끼자 합치의 외피를 쓰고 있는 가짜 신뢰와 가짜 문장, 가짜 정보가 가진 힘들이 진실로 쓸모없을 수 있겠다는 생각이 들었다.

SNL이 불쾌한 MZ세대

사람은 언제 웃을까? 임마누엘 칸트, 아서 쇼펜하우어를 비롯한 여러 철학자가 말한 건 부조화 이론이다. 사람들은 인물과 사건, 세계와 자아가 겪는 불일치와 모순에서 웃는다. 노엘 캐롤[2]이 설명하기로, 이때의 불일치는 개념적 실수나 언어적 부적절, 논리적 오류에만

[2] 노엘 캐롤, 신현주 옮김, 『미학의 모든 것』(북코리아, 2021), 427쪽.

국한되지 않는다. 개인의 자아, 역사, 관념이 세계와 엇나갈 때 사람들은 웃는다. 모든 부조화가 웃긴 것은 아니다. 노엘 캐롤도 말했다. 부조화는 기껏해야 필요조건일 뿐이라고. 엇나간 유머는 때때로 그냥 엇나간다. 공연장은 침묵 속에 잠긴다.

최근 한국에서 유머의 위반과 관련해 자주 논의되는 대상은 코미디 프로그램 SNL 코리아다. 나는 「MZ 오피스」에 대해 논해 보고 싶다. 「MZ 오피스」를 보면 어느 순간 불쾌해졌는데, 나의 자존감을 위해서라도 이 문제는 풀어야 했다.

SNL의 「MZ 오피스」는 회사에 브라탑을 입고 출근하는 여직원, 에어팟 맥스를 낀 채 일하는 신입사원, '이걸 제가 왜 해야 하냐'고 묻는 당돌한 20대를 한자리에 모아 둔다. 「MZ 오피스」에 등장하는 인물들은 하나같이 무례하다. 필요하지 않은 영어 이름을 으스대며 사용한다거나, 영어 이름에 미숙하면 그것이 마치 죄라도 되는 양 사람들을 몰고 간다. 에어팟 맥스를 끼고 일하는 직원은 소통을 의식적으로 막는 듯한 제스처를 취하고, 같은 MZ세대인 선배 직원은 그런 직원에 대한 노골적인 적대를 표출한다. 회사 안에서 이른바 MZ력

김혜림

의 충돌이 극에 달하면 유일한 남자 직원은 이런 예의 없는 (여성) MZ세대 직원들이 지겹다는 듯 "퇴사해야겠다."라고 조용히 읊조린다.

짧은 분량의 영상 속에서 「MZ 오피스」가 겨냥하는 웃음의 포인트는 다음과 같다. (1) 철없고 예의 없는 MZ세대의 예상치 못한 돌발 행동으로 인해 오피스 전체가 위기에 처한다. (2) 위기에 처한 등장인물들의 속내를 거침없이 표현하면서 예의 없는 사람에 대한 공감 포인트를 짚어 낸다. (3) 무례한 MZ세대와는 거리를 둔 남성 직원이 이 상황이 얼마나 어이없는지에 대해 평가한다. 이 세 가지 포인트에서 사람들은 현실에 존재하는 조각을 발견하고 그것을 공감의 포인트로 삼으며 웃게 된다. 그런데 이 웃음이 모두의 것은 아니다.

실제로 「MZ 오피스」가 인기를 끈 이후 사람들의 반응은 극과 극으로 갈렸다. MZ 세대를 너무 리얼하게 표현해서 재미있었다는 반응이 나오는 한편, 이는 세대 간 갈등을 부르는 웃음일 뿐이라며 폄하하는 이들도 생겨났다. 나는 후자에 더욱 가까웠는데, 왜냐하면 「MZ 오피스」 속 문제가 되는 MZ세대는 나와 닮아 있었기 때문이다!

신포도의 본캐는 만 3년 차 회사원이다. 그는 일평생을 입고 싶었던 옷을 입는 데 만족하는 사람이었다. 회사원이 되었다고 그 속성이 달라지지는 않았다. 첫 취직 후 회사에 출근했을 때는 자신의 빨간 브릿지 머리털이 괜히 눈치가 보여 대표에게 물어본 적도 있었다. "이런 머리 하고 출근해도 괜찮나요?"라고. 그도 그럴 것이 신포도의 옷장에서는 회사원스러운 옷이랄 것을 찾기 어려웠는데, 일단 신포도의 본캐는 그런 옷을 어디에서 사는지 몰랐으며, 그렇게 입은 자기 자신이 어색해 참을 수 없었다.

제멋대로 입으면서 편했던 것도 아니다. 항상 사람들의 눈치가 보였고, 아침마다 옷장을 공허하게 쳐다봤다. 브라탑을 입고 출근한 게 뭐가 문제냐는 「MZ 오피스」 캐릭터의 당당한 태도와는 거리가 멀었다. 신포도의 본캐는 자신은 왜 어떤 옷을 입어도 이상하리만치 특이하고 눈에 띄는지에 대한 고민을 이어 갔다. 그러던 중 「MZ 오피스」를 보면 '옷을 이상하게 입는다'는 속성 하나 때문에 무례함이 마치 신포도 본캐 자신의 것이 된 듯한 환상통에 시달렸다. 신포도의 본캐는 부끄러움과 불안함 사이에서 진동했다.

김혜림

불쾌함의 원인

SNL의 문제는 이것이다. 현실을 겨냥하면서도 창작의 난점은 못 본 체하는 비겁함.

SNL은 현실을 리얼하게 풍자한다는 외피를 빌려 오면서도 실제 사람들이 겪어 온 역사와 불안의 진동은 '웃음'을 유발하기 위해 못 본 체한다. 물론 세상에는 불안감이나 부끄러움을 느끼지 못하고 누군가에게 무례함을 전시하는 MZ세대도 존재할 것이다. 그러나 그것은 파편일 뿐이다. MZ세대의 무례함은 '무례함의 완전체'로 존재할 수 없다. 세대나 성별을 불문하고 인간이라면 무례함과 당당함, 부끄러움의 파편을 간직할 수밖에 없기 때문이다. 온전한 악마를 찾기 어려운 것과 유사하다.

SNL의 유머에서 현실의 외피는 모사되지만, 불완전하고 비어 있는 현실의 구조는 가려진다. 텅 빈 상태로 현실을 묘사하려니, SNL의 유머는 속 시원한 웃음보다는 불쾌한 골짜기 웃음에 가까워졌다. 최근 논란이 되었던 뉴진스 하니 패러디에 관해 누군가는 이렇게 편을 들었다. "뉴진스 하니가 아니라 생각 없는 국회의원을 묘사한 것이잖아요!" 하지만 본질은 누구를 묘사했느냐, 무엇을 묘사했느냐에 대한 문제가 아니다. 핵심은 그 묘사가 대상의 역사를 의도적으로 가리고 있다는 사실이다. 뉴진스 하니의 미숙한 한국어를 웃음의 포인트로 내세우기 위해서는 그가 국정감사에 나올 수밖에 없었던 이유를 고려해야 했다. SNL이 정말 좋은 풍자를 하려고 했다면 자기 검열과 자신에 대한 의심, 혹은 자신이 지나온 역사에 대한 인식을 거두지 않는 사람들이 존재한다는 것을 염두에 둬야 했을 터다. 그러한 불안감을 안고도 사회나 대중 앞에 서야 했던 이들의 존재 자체가 창작의 난점인데, SNL은 이 난점을 교묘하게 가렸다. 이것은 적대의 코미디다.

　SNL은 현실을 비슷하게 묘사하고, 부적절한 부조화를 한곳에 모아 놓는 것이 유머라고 믿는다. 사람들은 쓰고, 읽고, 납득하기 쉽기 때문에 불필요한 문장을 쓰거나 현실의 외피를 (너무나도 쉽게) 빌려 온다. 즉 SNL이 못 본 체한 것은 신포도의 본캐가 겪는 불안감, 부끄러움이었다. 이것은 신포도의 본캐만 가진 아주 특수한 감각은 아닌데, 실제로 한국 사회에서 많은 사람들은 「MZ 오피스」의 그들처럼 당당하지 못하기 때문

김혜림

이다. 네이트판을 비롯한 커뮤니티에서도 이 불안감은 자주 목격된다. 사람들은 "요즘 날씨 이런데, 이런 옷을 입어도 괜찮을까?"라는 질문 속에 '사람들이 나를 이상하게 보지는 않을까'에 대한 걱정을 감춰 둔다. 자기 이야기가 아니라 타인의 이야기인 듯 문제시되는 상황을 묘사해 '그래도 괜찮다'는 위로를 얻는 '기출 변형'('답정너'의 진화 형태)은 더더욱 그렇다. 모든 사람들은 자신에 대한 의심을 거두지 않는다.

신포도도 그런 사람이었다. 그래서 사람들이 쉽게 납득할 수 있는 '120조 원'이라는 숫자에 기댔던 것이다. 해당 성장세가 얼마나 과학적인 방법을 거쳐서 도출된 숫자인지는 무관했다. 문제의 핵심은 언뜻 납득하기 쉬운 무언가에 기댄다는 비겁함 그 자체다.

나는 내가 제일 웃기다

신포도 역시 뉴스레터를 발행하면서 어떤 유머는 누군가에게 가닿지 않는다는 걸 배웠다. 그리고 무엇보다 즐거웠던 건 적대와 가짜 객관, 현실의 뾰족함이라는 장애물을 겨우 뚫어 내고 자신의 유머를 이해하는 동지를 만나는 경험이었다. 홍상수 영화 속 대사의 비현실적인 분위기를 모사하며 메일을 보냈던 날에는 한 사람이 현재의 사무실 상황을 마치 홍상수 영화에 나오는 장면의 대본인 듯 답장을 보내왔다. 그날은 온종일 '홍상수스러움'을 즐겼다. 똑똑한 말도, 객관적인 확인 절차도 필요하지 않았다. 가짜 객관에 기대지 않고도 이해받는 경험만큼 즐거운 것은 없었다.

이상한 옷을 입고 출근하는 나의 불안을 그대로 이해하고, 그 진동을 놀려먹기 위해 왜곡하지 않는 유머. 자아와 세계의 불일치를 따뜻한 눈으로 바라보고, 그러면서도 생생하게 표현하는 것. 유머는 단순히 무언가를 흉내 내거나 공격하는 게 아니라 일종의 커뮤니케이션 방법이니까. 적대가 아닌 우정의 유머에는 다음 단계에 대한 상상력이 존재한다.

신포도는 뉴스레터로 자신의 불완전함을 인정하며 약간은 치유되었다. '사람들도 조금 더 솔직해지면 좋겠다'고 가만히 생각했다. 나와 세상의 불완전함, 부조화를 인정하고 내놓을 때의 해방감이 좋았기 때문이다. 120조 원이라는 가짜 숫자나 문장에 기대지 않고도 사람들은 논리적인 글을 쓸 수 있으니까. 어느 교수가

김혜림

한 말에 기대지 않는 초등학생의 이야기도 세상의 본질을 겨냥하는 때가 있는 법이니까. 연대의 유머는 그렇게 불쑥 튀어나오는 솔직함에서 나오는 법이니까.

신포도는 내가 썼던 가짜 문장(개소리)들을 위한 푸닥거리였다. 제시간에 퇴근하기 위해서 '120조 원' 규모라는 상상조차 할 수 없는 숫자 덩어리에 안도하며 문장을 썼던 것. 나의 관점과 이론을 전개하기 위해서 누군가의 주관인 참고문헌에 객관의 자리를 쉽게 내어 주었던 것. 픽션도 아니고, 뉴스도 아니고, 일도 아니고, 내 마음대로 쓰는 글도 아닌 그 무언가에 빠져 버리며 잃어버렸던 부조화와 엇나감의 감각을 상기시키려는 노력이었다. 그래서 나는 항상 나의 불온전함에 웃었을지도. 온전히 갇힌 멸균의 오피스를 보며 여우의 초조함을 경험했던 걸지도.

'신포도의 하루 추천' 뉴스레터는 2024년 연말을 보지 못하고 중단됐다. 이직을 하고, 현실의 뾰족함에 치이다 보니 잉여의 글쓰기가 쉽지 않았다. 물론 핑계다. 사실 마음속 깊은 곳에서는 '술자리에서 모은 30명의 구독자'라는 안전한 풀에서만 유머를 나누는 자신이 비겁하게 느껴졌다. 그것이 뉴스레터의 형태든, 출판물의 형태든, 혹은 목소리와 모임의 형태든 무엇이든 유머의 동지를 늘리고 싶다. 솔직한 사람이 늘어나면, 솔직해지기 더욱 쉬울 테니까.

김혜림

칼을 들고
다니는 여자

염문경

염문경 이야기를 만들고 연기하는 사람. 단편영화 「현피」, 「백야」, 「사람들은 왜 바다를 보러 갈까」, 장편영화 「지구 최후의 여자」를 쓰고 출연했다. 예능 「자이언트 펭TV」, 「이번 생은 선인장」 등을 기획했으며, 영화 「모럴센스」 각색, 「메이드 인 루프탑」 각본을 맡았다. 에세이 『내향형 인간의 농담』을 썼다.

[유머] 코드의 확장을 시도한 창작 후기

"멀리서 보면 모두 웃기다.
나는 일단 함께 웃고 싶었다.
그래서 둘 다 제법 귀엽게 비호감이길 바랐다.
그러다 천천히 가까이서
들여다보게 하고 싶었다.
저 남자가 왜, 저 여자가 왜 저러는지."

오래 상담을 받아 왔던 나의 치료자가 병원을 옮기더니 홍보를 위해 블로그를 개설했다. 그는 좋은 치료자답게 평소 자신에 대한 정보를 거의 노출하지 않았다. 늘 궁금했던 내 치료자의 글. 그의 생각을 알 수 있는 드문 기회! 한동안 병원 홍보 블로그를 습관처럼 들락거렸다. 그리곤 이내 알게 되었다. 베일에 싸여 있던 내 치료자는, 적어도 나에게 있어서 만큼은 프로이트보다 더 심오하고도 현명했던 나의 상담 선생님은…… 직업에 비해 제법 실없는 문체를 가진 평범하고도 진지한 맛집 탐방러였단 사실을.

"선생님, 좀 깨요. 그래서 웃겨요. 그게 기분이 좋아요."

이상하게도 나는 그 글들이 참 웃겼다. 게다가 갈수록 정신 심리 관련 글보다 맛집 탐방 글이 더 많아지고 있었다. 그 지점이 특히 웃겼다. 뭐랄까, 트렌디함과는 거리가 먼데 그래서 더 웃긴, 맛집 탐방이라는 취미에 아주 진심이라는 게 느껴지는 글들. 진료실에서 알지 못했던 치료자의 취향과 말투는 내가 쌓아 왔던 치료자에 대한 환상을 무너뜨렸고, 권위를 끌어내렸다. 그게 날 웃게 했다. 상담 시간에 난 솔직한 자유연상을 핑계로 '선생님의 맛집 블로그가 우습다'는 이야기를 마음껏 했다. 치료자는 머쓱해하면서도 집요하게 묻곤 했다. 염문경 님은 그게 왜 재미있을까요? 왜긴요, 웃기잖아요, 선생님도 그냥 이런 사람이구나, 그런 느낌이 들잖아요.

돌이켜보면 난 그때 치료자를 마음껏 놀렸던 것이다. 내가 생각을 털어놓고 의지할 수밖에 없는 사람, 권력을 쥐여 줄 수밖에 없는 사람, 나의 깊은 진실을 모두 알면서도 자기 생각은 거의 드러내지 않아 두려운 사람을 조롱하며 웃었던 것이다. 당신은 무섭기보다 웃긴 사람이라고. 나는 당신을 가리키며 웃을 수 있다고.

배우로서의 나는 별로 웃긴 사람이 아니다. 반면에

작가로서의 나는 자꾸만 코미디를 쓰곤 했다. 로맨스를 쓰면 로맨틱코미디가 되었고, 힐링 드라마나 수사물을 써도 군데군데 웃음이라는 양념이 들어갔다. 그런 나의 글결을 좋아하는 사람도 있었고, 더 진지해지길 바라는 사람도 있었다. 진지함을 요구받을 때면 그게 나인데 어쩌란 말이냐, 하는 생각이 들면서도 궁금했다. 나는 왜 웃긴 배우가 되고 싶을까? 나는 왜 이야기에 자꾸 농담을 섞을까? 도대체 나는 왜 '노잼'을 견딜 수 없는가?

사실은 답을 알았다. 그건 내가 싸움을 두려워하는 겁쟁이이기 때문이다. 무언가를 너무나도 공격하고 싶은 그만큼 코미디에 집착하는 것이다.

위계를 뒤집는 기술

웃음은 순간적으로 힘의 균형을 맞춘다. 기울어진 힘의 무게를 한쪽에서 반대쪽으로 빠르게 이동시키는 데는 두 가지 방법이 있는데, 하나는 폭력으로 싸워 이겨 권력을 빼앗아 오는 것이고, 하나는 그를 보고 웃어 버리는 것이다.

SNL 정치 콘텐츠의 인기 요인도 여기에 있다. 유

력한 정치인이 비장한 정치 언어를 내려놓고 밑으로 자기소개를 하고, 민감한 사건을 천연덕스럽게 꺼내 놓는 밸런스 게임 앞에서 망설인다. '정치 풍자'라는 이름으로 권력자를 공개적인 웃음거리로 만드는 순간, 시청자는 순간이나마 권위가 역전된 듯한 만족감을 느낀다. 웃음에는 누군가의 권위를 실추시키는 칼이 숨어 있다.

　　그렇다고 모든 웃음이 공격적이기만 한 것은 아니다.「흑백요리사」방영 이후 점심시간마다 안성재 셰프의 말투를 따라하며 노는 이들을 봤다. 나도 그랬다. "청경채의 익힘 정도가 적당하네요." 그러다 한 개그맨이 안성재 셰프의 눈 모양과 깜빡이는 습관까지 모사해 선풍적 인기를 끄는 걸 보고 괜히 좀 걱정했다. 교포 특유의 말투, 심사위원으로서의 태도를 넘어서 그의 외모와 신체적 습관까지 유머의 대상으로 삼아도 되는가? 얼마 뒤 기사가 떴다. 안성재 셰프가 그 성대모사를 무척 재밌어했고 심지어 고마워했다는 인터뷰였다. '당사자가 괜찮다면야……' 하고 머쓱한 마음으로 불편감을 지우다 깨달았다. 그 성대모사 클립이 공유될수록 연기한 개그맨보다 더 인기가 높아지는 건 바로 안성재 본인이라는 사실을.

　　　　　　염문경

유머는 그의 권위를 해체하는 동시에 그를 친근한 호감의 대상으로 더 가까이 끌어왔다. 이 역시 웃음의 힘이다. 권력, 유명세, 관습과 위계를 부드럽게 공격하면서도 호의를 잃지 않는 태도. 그러니까 유머란 남을 때리지 않도록 문명화된 인간이 사용하는 지적인 무기이자 기술인 셈이다. 어디까지가 유쾌이고 어디서부터가 불쾌인지는 유머가 구사되기 이전까지 아무도 모르기에 늘 까다롭지만, 꽤나 효과적인 기술이다.

멀리서 웃은 뒤
가까이 들여다보기

위계에 민감하면서도 적극적으로 싸울 줄은 몰랐던 착한 K-장녀로서 나는 웃음에 집착했다. 초등학생 때부터 반에서 가장 웃긴 아이를 동경했고, 친구들을 웃기기 위해 만득이 시리즈를 외우고 다녔다. 자라나서는 거대한 펭귄이 EBS 사장에게 반말하며 대드는 유튜브를 기획했고, 첫 단편영화 「현피」에서는 온라인 젠더갈등을 전부 코미디 대사로 써 버렸다. 당연히 싫어하는 사람도 있었다. 이렇게 가볍게 다룰 소재가 아니며, 코

미디로 건드리기엔 지나치게 아슬아슬하다는 평이었
다. 하지만 내가 만든 코미디들은 모두 웃으면서 싸움
을 걸고 있었다. 나를 갑갑하게 하는 권위와 나를 두렵
게 하는 공포를 함께 직면해 보자고 제안하고 싶었던
거다.

　손 쓸 수 없는 비극으로 가득한 세계에서 스트레스
를 어쩌지 못해 자면서 욕을 하고, 상담 치료를 받고, 서
명운동에 동참하면서도 금세 무력해지곤 했다. 그럴 때
마다 나는 웃긴 콘텐츠를 찾아보며 웃었다. 가까운 이
와 농담을 나누고 춤을 췄다. 그리고 웃긴 이야기를 만
들었다.

　멀리서 보고 마음껏 웃으세요, 이 희극에! 눈물로
몰입시키는 멜로드라마나 분노로 동참시키는 사회드
라마와 달리, 대상과의 간격을 필연적으로 벌려 버리는
코미디가 할 수 있는 말이 있다면 이런 게 아닐까? 난
당신에게 감정을 강요하는 대신 함께 웃기를 제안할 뿐
이에요. 우리가 함께 웃을 수 있다면 자연스레 조금은
가까워지겠죠. 그럼 그때 가까이 와서 들어 보세요, 이
비극을. 그게 내가 세상에 말을 거는 방식이었다.

　가장 최근에 만든 장편영화 「지구 최후의 여자」에

　　　　　　　염문경

는 칼을 들고 다니는 여자가 나온다. '남자들을 총으로 다 쏴 죽여 버리는' 시나리오를 쓰는 여자가 풍기는 살 벌한 분위기에 아무도 솔직한 리뷰를 못하고 있을 때, 어떤 남자가 거리낌 없이 폭탄 같은 질문을 던진다. "근 데 그 영화, 남혐 아닌가요?" 이 시놉시스는 제법 화제 를 낳았다. 서울국제여성영화제에서 프리미어 상영을 하게 되었는데, 의외로 남초 커뮤니티에서 궁금하다는 반응이 있었다.

인터넷 세상에선 '페미', '한남' 같은 말들이 난무 하는데 현실에서는 드라마 대사로 그런 말 한 줄 쓰지 못한다. 너무 민감하니까. 다루기 쉽지 않다는 걸 안다. '여혐'과 '남혐'이라는 단어를 동일선상에 놓는 것이 젠 더갈등을 둘러싼 복잡한 지점들을 가려 버릴 수 있다는 것도 안다. 그러나 창작자로서 나는 현실을 인정하고 그 위에서 말을 건네고 싶었다.

영화는 '마초스러운 시나리오를 쓰며, 남혐이라는 단어를 태연하게 오프라인에서 뱉어버리는 남자'를 희 화화한다. 하지만 동시에 '남성성을 극히 혐오하며, 센 척으로 스스로를 무장하는 여자'도 일정 부분 희화화한 다. 멀리서 보면 모두 웃기다. 나는 일단 함께 웃고 싶었다. 그래서 둘 다 제법 귀엽게 비호감이길 바랐다. 그러다 천천히 가까이서 들여다보게 하고 싶었다. 저 남자가 왜, 저 여자가 왜 저러는지.

극중 여자가 들고 다니는 칼은 날이 없는 가짜다. 아무도 찌를 수 없는 칼을 굳이 들고 다니는 여자의 마음을 어떤 방식으로 설명해야 할까? 장난감 칼을 조폭처럼 꺼내 드는 이상한 여자가 되기까지, 그는 얼만큼 슬퍼하고 화를 냈을까? 솔직히 말하면 나는 나와 그 여자를 분리할 수 없다. 코미디, 뮤지컬, B급 SF에 이르기까지 온갖 장르로 우스꽝스럽게 쓴 대사들은 어린 여자배우였던 내게 현실의 위력으로 가해지던 말들이었다. '난 무명/ 선택권이 없지/ 자존심은 성공한 다음에나 찾으면 돼!' 웃을 테면 웃으셔도 좋다는 태도로 나의 속살을 까뒤집듯 캐릭터에게 괴상한 노래를 부르게 했다.

그리고 관객이 그 여자를 조금이라도 이해해 주기를 기도했다. 영화에 사용된 무딘 칼은 세상을 향한 분노와 공포가 극에 달했을 때 내가 실제로 가방에 부적처럼 넣고 다녔던 소품이었다. 어처구니 없겠지만 그런 사람이 있다, 진짜로! 나를 화나게 하는 모든 것들을 죽일 수 없어, 가짜 칼을 휘두르듯 농담으로 스스로를 무

염문경

장하는 사람들이.

좋은 농담의 비결

시놉시스를 보고 관심을 가졌던 남초 커뮤니티 유저의
대다수는 실제로 영화를 보러 오지 않을 것이다. '병맛'
의 탈을 쓰긴 했지만 어느 모로 봐도 '여성영화'의 냄새
가 솔솔 나니까. 그럼에도 막간 홍보를 곁들이자면, 남
초 커뮤니티 여러분! 지금까지 이 영화에 극찬을 날린
건 대부분 남성 관객이었답니다, 가끔은 여성 관객보다
더. 이미 우호적인 영화제 관객층이라는 이유가 클 테
지만, 적어도 나는 기대한다. 영화 속 여자와 남자가 각
자의 우스꽝스러움을 꺼내 놓음으로써 대화를 시작할
수 있다면 스크린 밖에서도 그것이 가능하리라는 것을.
　　양비론적 줄타기를 감수하면서 농담 같은 영화를
만든 이유가 거기에 있다. 공격 속에서도 끝내 너와 나
에 대한 호의를 잃고 싶지 않아서. 비겁해도 그게 내 전
술이다. 이해할 수 없는 상대를 악마로 만들기보다 한
명의 웃기는 인간으로 바라보게 하는 것. 페미에게도
한남에게도 이야기가 있고, 그 이야기가 내 이야기가

될 수 있음을 설득하는 것. 낄낄 웃던 관객이 '울컥하더라, 마지막에'라고 말해 줄 때면, 전해졌구나 싶어 안심이 된다. 농담의 대상과 스스로를 연결시키는 순간, 웃음은 조롱을 넘어선 애정을 만들어 낸다고 믿는다.

조롱과 풍자를 가르는 기준도, 어떤 유머가 유해하거나 혹은 유쾌하다고 느끼게 되는 마음도, 결국은 대상에게 얼마나 애정을 갖느냐에 달린 게 아닐까? 인터넷에선 '웃기면 다 괜찮다'고들 한다. 어떤 코미디가 불쾌한 건 못 웃겨서란 거다. 근데 내 생각에 코미디를 잘하려면, 반드시 그 대상을 이해하고 공감해야 한다. 웃음을 만들어 내는 사람도, 그것을 보고 웃는 사람도, 대상과 자신이 어떤 면에선 결코 동떨어진 존재가 아님을 인정해야 한다. 그게 좋은 농담의 비결이다.

실은 그저 화 많은 사람

진료실에서 상담 선생님의 블로그를 두고 웃었을 때, 어쩌면 치료자는 기분이 나빴지만 내색하지 못했을지도 모른다. 하지만 그날 치료자는 함께 웃었다. 내가 믿었던 것은 치료자와 나 사이의 유대와 신뢰감이었다.

필연적으로 거리를 둘 수밖에 없는 관계이지만 그럼에도 가까이 느끼고 함께 웃고 싶은 마음에 건넨 농담. 그건 상담자와 내담자 간 정보 권력의 불균형을 해소하고자 발현된 내 공격성이기도 했으나, 그 이전에 나의 치료자에게 건넨 동질감과 애정의 표현이었다.

여기까지 쓰고 보니 애정이 많은 사람처럼 보이지만, 실은 그저 화가 많은 사람이다. 그래서 애를 쓰는 거다. 연기를 하며, 글을 쓰며, 끝없이 누군가의 마음을 이해해 보려 애쓴다. 그래도 분노와 슬픔이 치솟는 날이 있을 것이다. 그럴 땐 모든 걸 짓궂은 농담으로 여기고 나 역시 농담을 해대며 웃어 본다. 그게 내가 세상과 화해하는 방식이다. 그렇게 절망의 배를 가르고 나아간다. 웃음이라는 가짜 칼을 들고.

미련한 이모

엄일녀

엄일녀 만화 잡지를 기획하고 편집하다 업을 바꾸어 영문 소설을 국문으로 옮기는 일을 해온 지 스무 해 가까이 되었다. 『내일 또 내일 또 내일』, 『섬에 있는 서점』, 『사서 일기』, 『여자는 총을 들고 기다린다』 등을 번역했다. 2017년 박근혜 전 대통령이 탄핵되었을 때 『리틀 스트레인저』로 제10회 유영번역상을 수상하였다. 평행이론에 따라 2025년 모종의 수상을 기대해 본다. 영감과 글감을 주신 뭇 트위터리안들과 고 채만식 선생께 감사드린다.

채만식 「치숙」을 패러디한 [유머] 소설

"예적금밖에 모르던 이모가 내 덕에
주식 투자에 눈을 떴다니까요. 근데 내가
테슬라는 꼭 사라고 그렇게 찍어 줬는데
일론 머스크 꼴 보기 싫다면서 끝끝내 안 사더라.
아니 그거랑 이거랑 무슨 상관이야, 일론이
공화당에 수억 달러를 기부하든
트젠을 혐오하든 무슨 상관이냐고요."

우리 이모 말이죠? 말을 마세요.

　잘 다니던 회사 때려치워 경력 결딴났죠, 결혼한 지 2년 만에 갈라서서 이혼녀 됐죠, 뀐충에 페미 딱지 붙었죠, 미국 유학까지 갔다 온 여자가 성평등이다 뭐다 나대더니 결국 백수 돼서 나이 마흔 넘어 로스쿨 준비 이 지랄, 안 그래도 우리 과 절반이 로스쿨 준비 중이라 경쟁률 개빡센데. 아 뭐 리트 스터디 같이 하는 건 꽤 도움이 되긴 해요, 이모가 공부머리가 좋고 문과 치고 과탐에 강해서 대학 다닐 때도 매년 과탐 족집게 과외로 수능 직전에 바짝 벌어서 등록금 대던 양반이라, 추리논증에 취약한 내가 덕을 보는 게 없진 않죠.

　사실 우리 이모, 고등학교 다닐 때까진 집안의 자

랑이었대요. 대구에서 중고등 내내 전교 1등을 놓친 적
이 없고 부모 속 한번 썩인 적이 없고——없다고 할머니
가 그랬는데 그 성질 더러운 이모가 속을 안 썩였을 리
는 없고 공부만 잘하면 나머진 자동 까방권 획득이니
아마 추억 보정이겠죠——대학도 서울대 사회학과에 단
번에 붙고, 문제는 이때부터 우리 이모의 더러운 성질
머리가 본격 발현되는데, 사(四)수한 삼촌도 같은 해에
성균관대 전기전자및컴퓨터공학부에 붙었거든요, 그
래서 할머니가 한 집에 유학생 두 명은 무리라고 이모
한테 집에서 가깝고 4년 장학금도 준다는 경북대 가라
고 했는데 이모가 1월 중순에 추리닝 한 벌 달랑 가방
에 넣어 갖고 가출해선 2월 등록금 납부 마감일까지 잠
적한 거예요. 그 한 달 동안 이모가 어디서 뭐하구 살았
는지 지금까지 아무도 몰라요. 그러곤 2월 말에 시침 뚝
떼고 말짱한 얼굴로 나타나 지가 알아서 등록금 내고
방 구하고 생활비 벌어 잘 사니까 부모 지원도 허락도
필요없다고 선언하니 할머니 할아버지도 딸의 깡에 눌
려 백기를 들고 만 거죠. 하여간 우리 집안의 레전설이
라니까요.

엄일녀

+ + +

난 이모가 평생 결혼 안 할 줄 알았어요. 남자들은 동료 시민으로서 교육이 덜 됐다느니 납작한 공정에 집착한다느니 평하던 이모가 어느날 덜컥 결혼할 거라고 웬 남자를 데리고 오기 전까진. 여자를 데려왔어도 내가 그보다 놀라진 않았을걸요. 그 이모부 될 사람이 차은우랑 서강준을 섞어 놓은 것처럼 생겼는데 와 첨 봤을 땐 눈도 못 떼고 밥이 입으로 들어가는지 코로 들어가는지 모르겠더라. 이모가 얼굴 밝히는 건 알았지만 그렇게 잘생긴 남자를 무슨 수로 낚았을까. 하긴 이모부가 딱 봐도 페미인 우리 이모랑 결혼할 마음을 먹은 것도 미스터리긴 했어. 암튼 얼굴 뜯어먹고 사는 건 2년이 한계더라고요.

울 이모는 이혼했지만 난 지금도 이모부, 아니 전 이모부랑 사이좋게 지내요. 여대는 믿고 거른다는 말을 농담이랍시고 하는 남자이긴 해도 속이 좀 없을 뿐 나쁜 사람은 아니에요. 게다가 H그룹 비서실에서 회장님 의전을 담당하고 있으니 나중에 내 앞길에 도움이 될지 누가 알아요.

솔직히 이모부는 우리 이모 만나서 용된 케이스죠.

이모부가 H그룹으로 이직 준비할 때——그땐 아직 결혼 전이었지만——이모가 자소서도 검토해 주고——내 보기엔 거의 대필이더만——예상 질문 좍 뽑아서 모의 면접하고——영어로 압박 질문하는데 와 옆에서 구경하는 나도 기 빨리더라——답변 영작해 줘서 달달 외우게 하고 영상 녹화해서 시선과 표정까지 철저히 준비시켰거든요. 이모부가 아무리 반반해도 그 스펙과 그 영어 실력으론 거기 못 들어가지. 하드캐리도 그런 하드캐리가 없어요. 근데 진짜 웃긴 건, 그렇게 평강공주 빙의해서 빌드업 다 해 주더니 결혼한 지 1년 9개월 만에 이혼 서류를 내밀었다는 거죠. 나 같으면 그동안 들인 공이 아까워서라도 적당히 봐주고 살겠다. 물론 이모부 마인드가 한국 토종 평균치라 이모가 깝깝해한 건 아는데, 남편과 회사를 한꺼번에 내치다니 PC도 그 정도면 병이라고 봐요.

그때가 아마 이모가 플젝 매니징한 식품회사 광고가 집게손 때문에 엄청 욕 먹을 때였나 그랬을 거예요. 아니 그거 손동작 하나하나 일일이 스톱 모션으로 찾아보는 사람들도 참 할 일 없다 싶긴 한데, 어쨌든 업계

엄일녀

1, 2위를 다투는 대형 광고 대행사에서 최연소 AE 출신 팀장으로 잘나가던 이모는 그 건으로 경력에 금이 쩌억 갔죠. 기업 이미지 광고에 집게손 넣어 이미지 대차게 말아먹은 AE를 어느 클라이언트가 쓰겠냐고요. 또 그 걸 취재하러 온 기자한테 자연스러운 아이들 포즈(idle pose)라고 해명했다가 인터넷에서 집중포화 맞고 회사 에선 위기관리 능력 의심받고, 하여간 말이 때려치운 거지 잘린 거나 다름없지 뭐. 아이들 포즈든 어른 포즈 든 요즘 집게손에 대해 여론 안 좋은 거 알면서 그걸 꼭 굳이 써서 심기를 건드릴 이유가 뭐래요? 정작 사고 친 아트 디렉터는 뭔 일 있었냐는 듯 회사 잘만 다니더만 괜히 1열에서 총알받이한 거래두, 하여간 이모는 전부 터 쓸데없이 약자들을 과하게 챙겼어. 근데 그렇게 회 사 관두고 준비한다는 게 하필 또 로스쿨일 건 뭐랍니 까. 물론 각자 모교 지망이긴 한데 복수 지원 가능이라 나도 리트 성적 좀 잘 나오면 서울대 로스쿨에 원서는 넣어 볼 생각인데.

+ + +

내 이상과 계획은 이래요.

로스쿨 합격하고 변시 패스한 다음 IT기업 법무팀이나 사내 변호사로 취직하는 거죠. 네카라쿠배 정도에서 시작하면 괜찮을 것 같아요. 로펌은 워라밸이 너무 나쁘고 군기도 세서 별루거든요. 로스쿨 합격하면 삼촌이 자기가 봐 둔 참한 개발자 소개 시켜 준다고 했어요.

난 문과 남자는 거저 준대도 싫어요. 인문계 남자는 말은 좀 통해도 취직도 벌이도 시원찮고, 예술계는 매력은 있는데 예민해서 못 쓰고. 남자는 역시 공대 남자가 무난하죠. 개발자들 연봉 높겠다, 거진들 T라서 입력한 대로 출력되니 다듬기 쉽겠다, 좀이나 좋아!

결혼하면 고액 맞벌이로 바짝 벌어 강남 아파트부터 살 거예요. 물론 월급만 갖고는 못 사죠, 그래서 내가 1학년 때부터 세뱃돈 모은 거랑 입학 축하금으로 코인 사고 주식 사고 한 거예요. 뭐, 주변 애들처럼 억씩 벌진 못해도 수익률 30프로는 너끈히 나와요. 이것만큼은 내가 이모한테 한 수 아니 여러 수 가르쳐 줬지요. 예적금밖에 모르던 이모가 내 덕에 주식 투자에 눈을 떴다니까요. 근데 내가 테슬라는 꼭 사라고 그렇게 찍어 줬는데 일론 머스크 꼴 보기 싫다면서 끝끝내 안 사

더라. 아니 그거랑 이거랑 무슨 상관이야, 일론이 공화
당에 수억 달러를 기부하든 트젠을 혐오하든 무슨 상
관이냐고요, 당장 트럼프 당선되자마자 테슬라 주가가
두 배로 뛰었는데! 도대체가 떠다 줘도 못 먹어요. 그
런 주제에 뭐, 나더러 딱하다고? 내게 맞대놓고 하면
따박따박 반박당하니까 괜히 울 엄마한테 애가 참 딱
하다고 했다대요. 아니 정작 딱한 사람이 누군데 날 더
러 딱하대? 나이 마흔 넘은 이혼녀에 백수에 페미에 누
가 거들떠도 안 볼 아줌마가 왜 열심히 살고 있는 나한
테 난린데. 심지어 지난번 스터디 때는 금투세 폐지되
고 가상자산 소득과세 유예됐다고 나라 망한 것처럼
한숨을 쉬더라고요. 세금은 안 내면 무조건 좋은 거지
뭔 소리래, 하여간 이모는 내가 잘 되는 꼴을 못 봐요.
그러고 보니 오늘 테슬라 어떻게 됐지, 헉, 8.8프로 빠
졌네. 아 씨, 이럴 때 추매해야 하는데 환율이 너무 올
라서 환전을 못 하겠네.

　뭐야 엄마, 왜 갑자기 소리를 지르고 그래? 이모가
테레비에 나온다고? 온갖 패밀리? 그게 뭔데? 성소수
자 커플의 새로운 가족 형태를 조명하는 예능에 이모가
왜 나와? 근데 이모 옆에 저 사람 차은우 아니지? 저 차

은우 닮은 사람이 이모 애인이라는 거야? 뭐? 여자라고? 와 씨 미친, 취향 진짜 소나무네. 그나저나 저런 여자를 무슨 수로 낚은 거지? 내 주변엔 눈 씻고 봐도 없던데. 다음 주 일요일 스터디 때 어디서 만났는지 캐물어야겠다.

엄일녀

오래 퍼지는
늑대 웃음소리

김은한

김은한   1인 극장 매머드머메이드로 활동하며 관객의 머릿속에 극장을 세우는 일을 한다. 「코미디 캠프」 시리즈, 「멀리서 응원하고 극장을 찾지 않는 사람들」, 「침묵하는 것만이 그를 사랑하는 방법이라는 게 분하다」 등의 연극을 만들었다. 모토는 "모든 기회를 위기로."

관객에게 [유머]와 그 이상을 전하려는 배우의 이야기

"한 해를 돌아보며 다이어리를 뒤져 보니
아뿔싸, 생각보단 제법 웃고 지냈다.
크게 웃은 기억도 있지만 왜 그랬는지는
모르겠다. 그보단 은은하게 오래 웃은 시간을
말하고 싶다. 손난로처럼 미적지근해도
계속 남아 있는 시간."

몇 년간 간단한 연극을 만들며 생활하고 있다. 무대는 세우지 않는다. 소극장이나 독립서점에서 초청해 주거나 흥미로운 장소를 발견하면 몸을 공간에 맞춘다. 서점이라면 멋대로 북토크를 여는 작가가 되고, 극장이라면 관객을 오래 기다리는 배우가 된다. 식물이 많은 카페에서 인간은 못 보는 셈치고 식물 관객에게 연극을 보여 주는 로봇 국립극단원이 되기도 했다. 연습엔 여백을 잔뜩 둔다. 머릿속으로만 하기도 한다. 일정이 정해지면 그간 모아 둔 흥미로운 이야기나 괴담, 하고 싶은 말을 엮어서 대본을 만든다. 창작의 동력은 전부 생활에서 얻는다. 보고 읽고 듣고 느낀 것 모두 공연의 소재가 된다.

재미있는 이야기를 잘 말해 주고 싶다. 웃음은 덤이라고 생각하며 대본을 쓰지만 역시 웃어 주면 기쁘다. 보는 이를 웃게 하는 건 쉽지 않다. 웃음은 친근한 관계에서 자연스럽게 나오기 때문이다. 극장에서 갑자기 친해질 수는 없다. 그저 이게 당신의 새로운 취향일 수도 있다며 권해 보는 수밖에 없다. 다만 앞서 말했듯 웃음은 덤이기 때문에, 웃어 주는 것만으론 부족하다. 욕심도 많다.

손님의 마음을 사로잡지 못한 날은 울적하지만 늘 해냈다면야 생활이 훨씬 윤택했을 터. 다정한 사람도 지독하고 가혹한 익살에 개운해지기도 하고, 비장의 무기로 숨겨 둔 농담이 장외로 넘어가는 일도 많다. 『안나 카레니나』의 유명한 문장은 재고의 여지가 있다. 불행한 사람은 비슷하게 심술이 나 있지만 행복한 사람은 저마다의 이유로 웃는다. 한 해를 돌아보며 다이어리를 뒤져 보니 아뿔싸, 생각보단 제법 웃고 지냈다. 크게 웃은 기억도 있지만 왜 그랬는지는 모르겠다. 그보단 은은하게 오래 웃은 시간을 말하고 싶다. 손난로처럼 미적지근해도 계속 남아 있는 시간.

공연하듯이 글을 쓰고 있으니 지금 연극을 시작한

김은한

셈이다. 좋은 연극은 심야에 이어지는 친구와의 즐거운 통화 같다. 정신없이 말해도 들어 줄 만하면 좋겠다. 이 글을 통해 조금 친근해지면 기쁠 거 같다. 그러면 우리는 만나지 못해도 이어져 있는 셈이다. 사실 친근하지 않아도 즐거울 거다. 함께 영화를 보러 갈 기회는 아마 없겠지만, 우리의 엇갈리고 교차하는 유머 감각에서 터지는 웃음은 근사한 즉흥 연주처럼 상영관에 퍼질 테니까.

「M-1 그랑프리」와
「세계의 기서, 괴작 총선거」

삶이 팍팍하고 곤궁할 때는 여러 리스트를 찾아보며 기쁨을 얻는 편이다. 리스트만 봐도 마음이 흡족하다. 연말에 결승 방송을 하는 일본의 만자이[1] 대회인 2024 「M-1 그랑프리」의 준준결승이 10월에 있었다. 그리고 같은 시기에 X(구 트위터)에서 개인이 주최한 「세계의 기서, 괴작 총선거」라는 설문 조사를 즐겼다. 「M-1

[1] 일본에서는 스탠드 마이크를 두고 혼자 입담으로 공연하는 걸 만담, 둘 이상이 팀을 꾸려 활동하면 만자이라고 부른다.

그랑프리」는 준준결승까지의 영상을 유튜브에 한정적으로 공개한다. 대회 3차전 영상 174개, 준준결승 영상 102개를 전부 보았다. 1만 330팀이 참가를 했단다. 자신이 궁리한 익살로 관객을 기쁘게 하려는 사람이 이렇게 많다는 게 가슴 설렜다. 이렇게 말하는 것치고는 심각한 표정으로 본다. 맛있는 걸 먹을 때 인상을 팍 쓰는 사람과 닮았다.

「세계의 기서, 괴작 총선거」는 이번에 2회째를 맞이한 행사다. 해시태그 #奇書と怪作·世界総選挙로 자기가 생각하는 이상한 책을 추천할 수 있다. 집계한 리스트 중에 최대 40권까지 읽고 싶은 책에 투표하면 되었다. 371권이 소개되었고 그걸 한국어로도 편집하자는 X 사용자(구 트위터리안)가 있어서 편집을 거들었다. 마르케스나 보르헤스, 카프카, 고골, 페렉 등 반가운 이름과 함께 블라디미르 소로킨, 아모스 투투올라, 다케모토 겐지 등 국내에 잘 알려지지 않은 작가도 있었다. 별난 작품의 줄거리를 찾아보며 홀린 듯이 실실 웃었다. 400자 원고지 1매를 1분으로 삼아 실시간으로 진행되는 소설, 도자기가 주인공인 소설, 문자가 주인공인 소설, 18세기의 광물학 연구서, 상상의 식물도감, 레

김은한

닌이 다다이스트였다고 주장하는 책, 탐정이 너무 많이 나오는 추리소설, 탐정이 너무 나쁜 놈인 추리소설, 종이책으로만 가능한 트릭이라 전자책을 낼 수 없는 추리소설, 고전 소설의 문장으로만 쓰인 추리소설, 지상에 마지막으로 남은 여성의 독백, 죽은 시종을 데리러 죽은 자의 마을로 찾아가는 술꾼, 무슨 얘기를 하는지 전혀 알 수 없는 소설……. 머릿속에서 멋대로 부풀어 오르는 세계가 유쾌하다. 이 느낌만이라도 연극으로 만들어 전하고 싶다고 다짐한다.

수제 자동차와 함께한
늑대 퇴치

2024년 10월에는 가깝게 지내는 연극 동료에게 섭외 연락을 받았다. 자신이 다니는 한국예술종합학교에 기이한 인물이 있는데, 그와 함께하는 행사를 도와 달라는 것이었다. 쇠파이프와 모터를 요령 있게 조립해 실제로 나아가는 수제 자동차를 만드는 청년이라고 했다. 학교를 누비는 한밤의 레이스를 계획하고 있으니 분위기를 돋울 만한 축하 공연을 하나 해 달라는 부탁이었다. 마침 나는 외국의 공연을 엉터리로 흉내 내는 공연을 하던 참이었다. 흔쾌히 수락했다. 무사한 사회인이라고 부르기엔 퍽 곤란한 프리랜서 공연자이지만 학교라는 세계와 접점을 가질 수 있다는 건 기쁜 일이다. 심야에 이루어지는 행사라는 점도 솔깃했다. 동료는 우선영화「포드 V 페라리」를 흉내 내어 보면 어떨지 제안해 주었다. 경주 전에 학교 벽에 영화를 상영할 셈인데, 중간에 난입해서 사람들을 지하로 이끈 뒤에 내 버전의「포드 V 페라리」를 몸으로 상영하기로 했다. 최소단위의 자동차 경주에는 최소단위의 연극 공연자를 곁들이면 좋지 않겠느냐는 제안이었다.

　몇 주가 흘렀다. 드문드문 시험 운전을 하고 구경꾼을 모으기로 했다는 소식을 들었다. 무얼 준비해야 하는지는 전적으로 맡기겠다는 듯, 출연료를 50퍼센트 인상해 주겠다는 기쁜 연락만 한 번 받았다. 단지 우려가 되는 점은 손님들이 기뻐할 것인가, 영화가 가진 속도감을 잘 전할 수 있을 것인가 하는 점이었다. '카레'이스라서 무료 카레도 제공된다고 했다. 풍미를 더하기 위해 버섯을 한 뭉치 가져가기로 했다. 추운 밤 무료 카레에 몰입하러 온 손님을 어떻게 기쁘게 할 수 있을까……. 어쩔 수 없지. 유튜브에서 본 일본 강담 「간에이 미야모토 무사시 전(寬永宮本武蔵伝)」 중에서 '늑대 퇴치' 대목을 들려드리는 수밖에 없다는 생각이 들었다. 왜냐하면 내가 그 얘기를 좋아하니까.

경주 당일. 막연한 기대를 한다. 이런 행사를 좋아하는 사람이라면 이런 공연도 좋아하겠지. 막연한 기대다. 코미디는 어렵다고들 한다. 웃음은 늘 예상을 뛰어넘는 곳에 있기 때문이다. 믿을 수 있는 동료는 많지만 웃음은 반복해서 보여 주면 점점 잦아든다. 아무도 안 보여 주고 혼자 해내야 한다. 가방에 채워 버섯을 냄비에 채우고 지하 공연장에 내려가 모기향을 피워 두고 연습을 했다. 호젓한 밤의 드라이브라고 생각했는데 60명 이상이 모였다. 축하 공연 이후에 나누기로 한 무료 카레도 이미 잘 나가고 있었다. 느타리버섯이 잘해 주고 있었다.

「포드 V 페라리」는 심술과 열정으로 가득한 사내들이 두 시간 반 동안 잘 달리고 싶어서 고집을 잔뜩 부리는 영화다. 인상적인 몇 장면을 설명하다가 이대로면 영화 시간만큼 공연하겠다 싶어 빠르게 늑대 퇴치로 넘어갔다. 이 이야기에서 중요한 대목은 늑대 울음소리인데, 명인들의 솜씨는 섬세하다. 개 울음소리는 폭발하듯 나와 서서히 잦아들어 가지만, 늑대는 좁은 목구멍에서 시작해 서서히 멀리까지 넓게 퍼진다. 은은하게 오래 남는다.

나로 말할 것 같으면 그런 기술은 조금도 익히지 않았다. 다만 연출을 바꾸었는데, 육박하는 수백 마리 늑대는 엔진과 배기통의 굉음을 쏟아냈다. 목이 다 쉬었다. 맞서는 미야모토 무사시의 두 자루 칼은 운전대와 기어를 잡는 손 모양을 닮았다. "곧 시작할 경주를 즐겨 주세요, 감사합니다!" 현장은 잠시 들떴고 흡족했다. 한 친구는 조형예술과에서 이만큼 큰 반응을 보인 건 드문 일이라고 추켜세워 주었다. 출출하여 카레를 먹었다. 밥이 없으니 아쉽다고 생각하던 차였는데 파스타가 들어 있어 참으로 황홀한 맛이었다.

레이스도 무척 뜨거웠다. 영화를 상영하던 벽은 실시간 중계 화면으로 바뀌었고, 운전자들은 누구보다 화려한 춤과 재주를 뽐내며 들어왔다. 프로레슬링에 영감을 받은 프로레이싱이었다. 한쪽이 앞서는가 싶더니 다음 바퀴에서는 운전자가 바뀌기도 하고, 추월하려는 차 앞을 상대 운전자가 위세 좋게 가로막기도 했다. 차를

김은한

자전거처럼 내려서 손으로 끌며 달리기도 했고, 마지막에는 두 운전자가 아름답게 행진을 진행하며 도착했다. 폐막을 한참 하고도 누구도 집에 가지 않고 계속 어슬렁거렸다. 공연을 권해 준 친구들과 밤새 이야기 나누면서 한참을 웃었다. 코인노래방을 다녀오니 아침 6시였다.

바니뽕키치로 단독 공연

마지막으로 2024년에 가장 마음에 오래 남은 웃음을 이야기하고 싶다. 만담가 바니뽕키치로(バニーぴょん吉郎)를 알고 있는가? 알고 있다면 당신과 만나 이야기 나누고 싶다. 극장에서 그저 웃고 돌아오는 거로는 만족하지 않는 사람이 아닐까. 별난 재미를 찾는 사람. 감정도 각자 웃을 줄 안다는 걸 알고, 굳게 다문 입속에서 엄청나게 웃기도 하는 사람이려나. 전혀 아니어도 즐겁겠지만.

　일본 여행을 가면 그 시기에 하는 소극장 연극과 코미디 공연을 찾아보는 게 습관이다. 서브컬처 위주의 행사는 TIGET이라는 사이트에 많이 올라와 있다. 엉

뚱한 행사가 많다. 스스로 아이돌이 되기로 하고 공연을 시작하는 이들의 행사 소식, 촬영회, 생일 축하 기념 파티, 그저 옥상에서 햇볕을 쬘 테니 모이자는 모임, 대학 강의실에서 개그 몇십 개를 선보일 테니 재밌는 걸 골라 달라는 모임, 괴담을 들려주면서 요리도 같이할 테니까 나누어 먹자는 모임, 강렬한 비주얼의 극단 창단 공연, 인디 밴드의 라이브 등등.

그때 눈에 들어온 게 바니뽕키치로의 단독공연 「섀도우 같은 거 신경 안 써(シャドーとか気にならない。)」였다. 대형 소속사가 아닌 코미디언 애호가가 알 법한 트윙클 코퍼레이션 소속 코미디언이라는 점이 매혹적이었고 포스터에서 좋은 느낌을 받았다. 낯설고 별난 공연자를 찾으면 절로 미소가 흘러나온다. X 팔로워 수 400명 대의 40대 남성 만담가. SNS를 살펴보니 공연 보름 전부터 단독공연을 준비하는 마음을 일기로 적고 있었다. 내적 친밀감이 들었다. 나는 연극을 만들 때는 별로 즐겁지 않다. 오로지 공연할 때, 무대 위에서 관객에게 여행을 인도할 때만 또렷하게 즐겁다. 그에게도 가장 괴로운 시기일 텐데, 관객에 마음을 쓰고 좋은 공연을 위해 술도 잠시 끊고 이런저런 작업 이야기를 남

김은한

겨 두는 게 좋았다. 대체로는 야식 메뉴와 머릿결, 모객 걱정이었지만. "내일이면 아이언맨 토니 스타크가 남은 표를 다 사서 매진이 되면 좋겠습니다……" 내 모습을 비추어 보게 되었다. 혼자 궁리한 걸로 관객을 기쁘게 하고 싶은 마음, 그러기 위해 혼자 있는 시간을 견디는 마음, 가능한 많은 사람과 만나고 싶은 마음에 공감했다.

시모키타자와의 미네르바라는 극장으로 내려갔다. 좌석은 서른 개 정도였고 무대 위에는 스탠드 마이크가 하나. 거리가 가깝다. 일본 코미디 공연의 좋은 점은 특별히 막 나가는 코미디언이 아닌 이상 관객에게 말을 걸지 않는다는 점이다. 기분 좋은 거리감. 관객 참여 공연을 즐기지 않는 사람에게는 이상적이다. 곱슬머리 장발에 정장, 빨간 구두를 신고 나온 바니뽕키치로는 1열 중앙이 비어 있어 당황스럽다며 너스레를 떨며 공연을 시작했다.

활동을 10년 넘게 했지만, 단독공연은 이번이 처음이라고 했다. 가까운 사람만 올 줄 알았는데 모여 주어 고맙다고 했다. 늘 짧은 이야기만 만들어서 단독공연은 어려울 거 같았는데, 연차가 오래되고 나니 묵은 대본과 아이디어들이 말을 걸어오기 시작한다고 했다. 어서 자신도 데뷔시켜 달라는 서랍 속 이야기들. 오늘은 그 일부를 꺼내 왔다고 했다. '내 생활에 가까이 있는 무언가가 말을 걸어온다'는 게 바니뽕키치로 만담의 기본 형태다.

공연은 80분 정도 진행했다. 온갖 물건이 말을 걸어오기 시작하면 바니뽕키치로는 그들과 대화한다. 밤에 출출해서 만두를 굽고 있는데 만두를 보니 엄마 생각이 나더군요. 어쩌면 이 만두가 내 어머니가 아닐까? 그러자 만두 어머니가 제게 말을 걸어오기 시작하는 겁니다……. 모든 이야기가 이런 식으로 시작했다. 다이어트를 결심하고 단골 빵집에는 눈길도 안 주고 귀가하는데 갑자기 빵 냄새가 제게 말을 걸어오기 시작하는 겁니다……. 단팥빵이 당신을 기다리다 못해 머리에 붙은 깨로 꽃점을 치고 있다고요! 술자리에 남은 잔반이 지옥의 토이 스토리 비슷한 짓을 하고 있었습니다……. 고양이 말 통역기를 한참 가지고 놀다가 질렸더니 통역기가 계속 놀아 달라고 하는 겁니다……. 매운 컵라면이 어서 후첨 기름을 넣어 달라고 말하며 매울 신을 숭배하라고 포교를 하기 시작했습니다……. 20대 때 좋아하는 누나가 있었는데, 늘 담배를 끊어야겠다며 끊지를 못했어요. 어느 날 누나가 담배를 두고 자리를 비운 사이에 담배에게 단호히 말했습니다. 그만 헤어져 달라고. 그러자 담배가 제게 말을 걸어오기 시작하는 겁니다……. 너나 꺼져라. 애송아. 내가 한참 저렴할 때부터 우린 끈끈한 사이였어…….

감탄했던 이야기는 마지막 만담이다. 동거하던 애인과 헤어져 집에서 멍하니 보내던 나날이 있었습니다. 무언가 취미라도 만들면 좋겠다 싶어서 집에서 채소를 심기 시작했어요. 무, 당근, 가지, 오이, 호박 등등. 채소가 자라나면서 괴로운 게 있었는데, 그게 떠난 애인과 닮았다는 생각을 자꾸 하게 되는 거예요. 그래서 몹시 민망하지만, 집에 모든 커튼을 닫고, 침대 위에 채소들을 애인의 모습으로 늘어놓았습니다. 그러자…… 채소 애인이 깨어나 제게 말을 걸어오기 시작했습니다…….

주세페 아르침볼도의 회화 작품이나 얀 슈반크마예르 감독의 애니메이션 같은 도입부에 홀려서 정신없이 웃었다. 집에 있는 채소 애인에게 옷을 사 주기 위해 비슷한 크기의 채소를 들고 장을 보러 가는 장면도 익살스럽게 묘사가 되었다. 그러나 채소 애인은 서서히 시들고 무르기 시작한다. 어느 날 축축한 채소 애인은 말한다. 오늘 안에 나를 버리던가 전부 먹어 줬으면 해. 바니뽕키치로는 채소 애인을 마녀수프로 만들어서 울며 먹어 치운다. 그리고 이야기는 조금 더 이어진다. 공연 예술인의 예의로 마지막 문장을 밝히지는 못하지만, 깊은 한숨마저 나왔다. 확실한 건 그는 사랑을 다시 길러 보기로 한다.

웃게 한다면 좋고, 그것만으로는 부족하다. 그런 생각을 하고 있던 차에 이런 만남은 무척 귀하다. 후련해졌다. 천천히 오래 웃게 되는 이상한 시간을 전해 보았다. 이제 나도 공연을 마칠 참이다. 좋은 순간에 또 만나 뵙기를 바라며.

김은한

참고 문헌

들깨 「지배자의 몰락」
김일태, 『TV 쇼·코미디 이론과 작법』(혜민, 1989).

김민하 「누구와 웃을 것인가」
슬라보예 지젝, 이수련 옮김, 『이데올로기의 숭고한 대상』(새물결, 2013).
페터 슬로터다이크, 이진우·박미애 옮김, 『냉소적 이성 비판 1』(에코리브르, 2005).

복길 「나락에서의 농담」
윤아랑, 「네임드 유저의 수기」, 《한편》 2호 '인플루언서'.
이연숙(리타), 「위대함 또는 유머: 세계를 둘로 쪼개기」, 국립현대미술관 레지던시, 2023년 8월 11일.

안담 「강간 농담 성공하기」
김진아 기획·연출, 김은한, 신강수, 배선희, 안담 출연, 「2023 코미디캠프: 관찰」.

김영욱 「보고서: 루소와 밀레의 우정」

장자크 루소, 서익원 옮김, 『신 엘로이즈 1』(한길사, 2008).

김고현, 「인내는 쓰다」, 《기독교한국신문》, 2022년 7월 26일.

김규남, 「왜! 최선을 다하지 않는가?(Why not the Best?)」, 《천안신문》, 2016년 11월 28일.

김덕권, 「'만종' 밀레와 '사회계약론' 루소의 우정」, 《아시아엔》, 2021년 12월 25일

김철중, 「예술을 접목 '국민정신 바로 세우기 캠페인' 펼친다」, 《전남인터넷신문》, 2015년 7월 23일.

리헌석, 「소리를 잃은 방송인, 붓을 잡다」, 《디트뉴스24》, 2016년 10월 31일.

목요언론인클럽, 「[부음] 박천규 전 대전MBC 상무 별세」, 《목요저널》, 2019년 9월 17일.

박천규, 「'봄비 같은 우정' 이야기 둘과 시 하나」, 《계룡일보》, 2014년 3월 7일.

썬파워, 「루소와 밀레의 우정」, 블로그 '썬파워의 교육사랑', 2020년 12월 17일.

이정원, 「밀레와 우정을 나눈 루소」, 블로그 '내 인생의 조각 모음', 2010년 11월 9일.

임성근, 「듣기와 인내심」, 《법률저널》, 2014년 5월 16일.

임철순, 「낭설과 날조와 왜곡」, 《자유칼럼그룹》, 2019년 11월 7일.

푸우, 「우정으로 산 그림」, 인터넷카페 '386인생', 2000년 11월 23일.

한국유엔봉사단, 「향기로운 삶_밀레와 루소의 우정」, 유튜브, 2012년 9월 12일.

Christopher Kipp, "Patience is bitter, but its fruit is sweet", 블로그 'Wilderness'.

김혜림 「나는 나를 보고 웃지」

노엘 캐롤, 신현주 옮김, 『미학의 모든 것』(북코리아, 2021).

해리 프랭크퍼트, 이윤 옮김, 『개소리에 대하여』(필로소픽, 2023).
뉴스레터 '신포도의 하루 추천' https://sourpodo.glivery.co.kr/.

염문경 「칼을 들고 다니는 여자」
염문경·이종민, 「지구 최후의 여자」(2023).

엄일녀 「미련한 이모」
채만식, 「치숙」, 『한국단편문학선1』(민음사, 1998).

김은한 「오래 퍼지는 늑대 웃음소리」
바니뽕키치로 단독공연, 「섀도우 같은 거 신경 안 써
　　(シャドーとか気にならない。)」.
「M-1 그랑프리」.
「세계의 기서, 괴작 총선거」.

인문잡지 한편
16
유머

글
들깨, 김민하, 복길, 안담, 김영욱,
김혜림, 염문경, 엄일녀, 김은한

편집
신새벽, 김세영,
조무원, 박아름, 정기현

디자인
유진아

발행일
2025년 1월 17일

발행인
박근섭, 박상준

펴낸곳
(주)민음사

등록일 / 등록번호
2020년 5월 20일
강남, 사00118

주소
서울시 강남구 도산대로1길 62(신사동)
강남출판문화센터 5층(06027)

대표전화
02-515-2000

홈페이지
www.minumsa.com

값 10,000원

ISBN / ISSN
978-89-374-9171-9 04100
2733-5623